Un Meta-Modelo Cristiano Católico de la Persona

(Versión reducida)

PAUL C. VITZ,
WILLIAM J. NORDLING
Y CRAIG STEVEN TITUS
EDITORES

UN META-MODELO CRISTIANO CATÓLICO DE LA PERSONA

(Versión reducida)

Colección *Razón Abierta*

Comité Científico Asesor

© 2025   Paul C. Vitz, William J. Nordling y Craig Steven Titus de la edición

© 2025   Los autores de sus textos

© 2025   Editorial UFV
Universidad Francisco de Vitoria
editorial@ufv.es

Primera edición: Octubre 2025
ISBN edición impresa: 979-13-87731-42-7
ISBN edición digital: 979-13-87731-43-4
Depósito legal: M-20005-2025

Traducción de Clara González García
Producción gráfica: MCF Textos, S. A.

Este libro ha sido sometido a una revisión ciega por pares.

Esta editorial es miembro de UNE, lo que garantiza la difusión y comercialización de sus publicaciones a nivel nacional e internacional.

Impreso en España – *Printed in Spain*

Índice

INTRODUCCIÓN 13

PARTE I

EL META-MODELO DE INTEGRACIÓN

1. INTRODUCCIÓN AL META-MODELO 15

2. PREMISAS TEOLÓGICAS, FILOSÓFICAS Y PSICOLÓGICAS
   DEL META-MODELO 19

3. VENTAJAS DE LA FE CATÓLICA PARA DESARROLLAR UN MODELO
   DE LA PERSONA 27

PARTE II

RESPALDO PSICOLÓGICO

4. TEORÍAS MODERNAS DE LA PERSONALIDAD: UNA CRÍTICA
   CRISTIANO CATÓLICA 29

5. FUNDAMENTOS PSICOLÓGICOS DEL META-MODELO 33

6. EL META-MODELO Y EL CONCEPTO DE PERSONA COMO CAPAS
   INTEGRADAS 39

PARTE III

RESPALDO FILOSÓFICO

7. METODOLOGÍA Y SUPUESTOS DEL META-MODELO 43

8. PLENA (UNIDAD PERSONAL) 53

9. El hombre y la mujer 57

10. Realizada a través de la vocación 61

11. Realizada en la virtud 65

12. Interpersonalmente relacional 69

13. Sensorial-perceptiva-cognitiva 73

14. Emocional 75

15. Racional 79

16. Con voluntad y libre 85

Parte IV
RESPALDO TEOLÓGICO

17. Creada a imagen de Dios 89

18. Caída 95

19. Redimida 99

Parte V
APLICACIONES TEÓRICAS Y CLÍNICAS DEL META-MODELO

20. Principios para la formación de profesionales cristianos
católicos de la salud mental 109

21. Conceptualización de casos 115

22. Psicoterapia de grupo 119

23. Contextualización del DSM-5 123

24. Evaluación psicológica 129

25. LA VIRTUD EN LA PRÁCTICA DE LA SALUD MENTAL 135

26. PSICOLOGÍA SOCIAL 139

AGRADECIMIENTOS.. 143

*A la facultad, estudiantes, personal, benefactores y amigos
de la Universidad Divina Misericordia, que han hecho
posible su extraordinario crecimiento y desarrollo*

Introducción

Al leer este resumen de *Un meta-modelo cristiano católico de la persona: Integración con la psicología y la práctica de la salud mental* (2021),[1] que a menudo se llamará *meta-modelo* o simplemente *modelo*, hay que tener en cuenta que está organizado en cinco partes:

Parte 1: Introducción al meta-modelo y su importancia para la salud mental

Parte 2: Cómo influyen la psicología, la filosofía y la teología en nuestra idea de la persona

Parte 3: Una profundización en las ideas filosóficas que caracterizan el meta-modelo

Parte 4: El fundamento teológico: ¿Qué nos dice el cristianismo sobre la naturaleza humana?

Parte 5: Aplicación del meta-modelo en contextos clínicos, como la formación clínica, la evaluación, la terapia de grupo y la psicología social

---

[1]   Paul C. Vitz, William J. Nordling y Craig Steven Titus (2021). *Un meta-modelo cristiano católico de la persona: Integración con la psicología y la práctica de la salud mental*, vols. I y II. Madrid: Editorial UFV.

Ya sea que se pertenezca al ámbito de la psicología, la filosofía o la teología, ya sea que interese el tema, la lectura del meta-modelo puede adaptarse en función de la formación. No hay ningún problema con pasar de un tema a otro.

Cabe destacar que cada uno de los veintiséis capítulos del libro completo del meta-modelo tiene muchas referencias académicas para sustentar las posturas que plantea. Estas referencias serán muy útiles para quienes deseen profundizar en alguna parte de esta versión abreviada.

A continuación, se resumen los capítulos por orden. Los títulos de algunos de ellos se han acortado, pero todos abordan aspectos del meta-modelo aunque este no se mencione en el título.

El meta-modelo de integración

1

Introducción al meta-modelo

El primer capítulo[1] presenta el meta-modelo cristiano católico de la persona y sus implicaciones para la práctica de la salud mental. Al hacerlo, comienza a responder brevemente las preguntas básicas que se abordan con más detalle en el resto del libro: (1) ¿qué es el meta-modelo cristiano católico de la persona?, (2) ¿por qué hace falta la visión enriquecida del modelo de la persona en el ámbito de la salud mental?, (3) ¿cómo contribuye la aplicación de la visión del modelo a la práctica clínica en general?, (4) ¿cómo beneficia al paciente la visión de la persona que tiene el modelo? y (5) ¿cómo ayuda esta visión de la persona al clínico a comprender su identidad como profesional cristiano de la salud mental? Además de estas preguntas, el capítulo presenta tres documentos fundamentales del meta-modelo: (a) «Definiciones de la persona», (b) «Premisas psicológicas» y (c) «Marco para la práctica de la salud mental».

---

[1] William J. Nordling, Paul C. Vitz y Craig Steven Titus, cap. 1, «Introducción a un meta-modelo cristiano católico de la persona para la práctica de la salud mental», en Vitz, Nordling y Titus (2021), *op. cit.*, vol. I, pp. 17-49.

2

Premisas teológicas, filosóficas y psicológicas del meta-modelo

Las siguientes once premisas[1] representan una visión de la persona en consonancia con las premisas teológicas y filosóficas del meta-modelo. Sirven como esquema, reforzado con subpremisas que diluciden las implicaciones teóricas y clínicas del modelo para la psicología y el *counseling*. Junto con las premisas teológicas y filosóficas del modelo, profundizan en la idea de la persona y ayudan a precisarla para que sirva en la práctica de la salud mental. Estas premisas y subpremisas, que se presentan a continuación, a veces se han abreviado o reformulado ligeramente.

La visión teológica de la persona se basa en la fe y la tradición cristiana (las enseñanzas de la Biblia y el magisterio católico) y concuerda con una clasificación tripartita de la historia de la salvación.

La persona es...

---

[1]   Craig Steven Titus, Paul C. Vitz, William J. Nordling y DMU Group, cap. 2, «Premisas teológicas, filosóficas y psicológicas», en Vitz, Nordling y Titus (2021), *op. cit.*, vol. I, pp. 51-90.

I. CREADA

Los seres humanos son creados por Dios «a imagen» suya y «conforme a [su] semejanza» (Gn 1:26). «Y creó Dios al hombre a su imagen, a imagen de Dios lo creó; varón y hembra los creó» (Gn 1:27).

SUBPREMISAS

1. **Bondad y dignidad:** Los seres humanos son buenos (como todo lo creado por Dios) y tienen una dignidad y un valor especial e intrínseco como personas (Gn 1:31).

2. **Regalo de amor:** Su vida (y todo lo bueno) es, en última instancia, un regalo de amor otorgado por Dios y continuamente preservado por Él (St 1:17). A su vez, la aceptación del don, de la gratitud, la adoración, el servicio y la entrega (el amor a Dios y a los demás como a uno mismo) son respuestas apropiadas al regalo original.

3. **Unicidad de la persona:** Los seres humanos se han creado como un todo único, constituido por un cuerpo material y un alma espiritual (Gn 2:7).

4. **Comunión con Dios:** A través del conocimiento y el amor, los seres humanos se crearon como personas capaces de entrar en comunión con Dios (Jn 17:26), que es una comunión en el conocimiento y amor: una trinidad de personas.

5. **Comunión con otras personas:** Los seres humanos se han creado para entrar en comunión y amistad también con otras personas. Al principio, Adán experimentó lo que era sentirse solo en la soledad original, que superó gracias a la unidad original cuando Dios creó a Eva para que fuera

su esposa, «una ayudante idónea para él» y «la madre de todos los vivientes» (Gn 2:18-20). El significado nupcial del cuerpo (su estructura básica para recibir y dar, para conocer y amar) soporta todas las vocaciones a la vida conyugal y célibe. Ser creado a imagen de Dios es la base de todas las vocaciones.

6. **Realización:** Las personas están llamadas a realizarse, es decir, llamadas a la perfección y a la santidad a través de la aceptación y la entrega de amor interpersonalmente: «Sed, pues, perfectos, como vuestro Padre que está en los cielos es perfecto» (Mt 5:48). Si bien la realización perfecta se reservada al cielo, las personas están llamadas a realizarse de un modo integral en sí mismas (psicológica, moral y espiritualmente), así como en sus relaciones con Dios y con el prójimo.

7. **Orden divino y ley natural:** La creación está marcada por un orden divino, que los humanos pueden conocer en virtud de la ley divina (p. ej., los diez mandamientos, Ex 20:1-17) y la ley moral natural. La ley divina y la ley natural se plasman en la vida cristiana. Incluso la felicidad del no creyente se basa en vivir de acuerdo con la ley natural.

II. CAÍDA

Debido al pecado original, la semejanza divina de la humanidad queda herida y desfigurada (Gn 3:16-19).

1. **Trastornos y pruebas:** Las experiencias de pecado, debilidad, decadencia, muerte y desorden forman parte de las dificultades y pruebas que se experimentan durante la vida humana ordinaria (1 Pe 1:6).

2. **Consecuencias del pecado:** El pecado original y las consecuencias de cada pecado personal y social enfrentan a la humanidad contra Dios, a cada persona contra sí misma, a la persona contra la persona y a la humanidad contra la naturaleza (Sal 78:19).

3. **La bondad es fundamental, la maldad no.** La tendencia hacia el mal es un desorden de inclinaciones, que son en sí mismas básicamente buenas.

4. **Nuestra lucha contra el mal.** El mal y el pecado ponen en peligro la realización humana y la posibilidad de alcanzar el cielo. El mal es un desorden y una privación de lo que deberían ser, según la naturaleza del ser humano, creado a imagen de Dios, las emociones (p. ej., odio), los pensamientos (p. ej., mentiras), las elecciones (p. ej., dañarse a uno mismo o a otros), los compromisos (p. ej., adulterio en lugar de fidelidad) o el desarrollo (p. ej., fracasos a la hora de desarrollar las capacidades humanas o de cumplir otras responsabilidades). El mal se opone a Dios por medio de la desobediencia a la ley del amor, de obsesiones demoniacas y de la oposición espiritual.

III. REDIMIDA

En la encarnación de Jesucristo, Dios da una nueva dignidad a la naturaleza humana y, a través de la muerte y resurrección de Cristo, redime a toda la humanidad, llamando a cada persona a la comunión con Dios y el prójimo, así como a la sanación interior y crecimiento (Tit 2:14).

1. **Felicidad y beatitud eternas:** Las personas están llamadas a la comunión con Dios, que se alcanza plenamente solo gracias a la ayuda divina para tener una visión bea-

tífica de Dios en la vida venidera. Sin embargo, esta comunión ya se recibe en vida como un anticipo por medio de los dones de la fe, la esperanza y el amor (las virtudes teológicas), así como de la realización que conseguimos gracias a nuestras vocaciones (1 Jn 3:2; Mt 5:8).

2. **Fe:** A través de la fe en Dios y la unión con Jesucristo en el bautismo, cada persona es invitada a convertirse en hijo o hija de Dios (Gál 4:5; 1 Jn 3:1) y recibir el don del Espíritu Santo (He 2:38; Jn 14:26).

3. **Esperanza:** El pecado, la muerte y el caos se superan definitivamente gracias a la redención de Jesús (1 Cor 15:54-55). Además, el sufrimiento causado por sus efectos puede transformarse en un medio de salvación (Rom 5:3). Apoyándose en la esperanza y el sacrificio espiritual en medio del sufrimiento (1 Pe 2:5; Rom 12:1), las personas contribuyen a superar los efectos del pecado por medio de la obra redentora de Cristo, que nos ofrece la guía del Espíritu Santo, la beatitud eterna con Dios y la resurrección del cuerpo (Rom 6:3-6; Mt 4:17).

4. **Amor:** Toda la ley y los profetas dependen de dos mandamientos: amar a Dios «con todo tu corazón, y con toda tu alma, y con toda tu mente» y «al prójimo como a ti mismo» (Mt 22: 37-40; véase también Dt 6: 5, Lev 19:18, Mc 12:30, Lc 17:33). Jesucristo logra que la humanidad se conozca a sí misma poniendo de manifiesto su vocación suprema a través del don de sí mismo definitivo: el amor. El don de sí mismo está basado en la comunión y, a menudo, implica una forma de autosacrificio.

5. **Naturaleza y gracia:** La naturaleza humana siempre permanece debilitada por el pecado (concupiscencia: emocio-

nes desordenadas, debilidad de la razón y la voluntad), pero la gracia divina le puede ser de gran ayuda, y en ciertos aspectos sanarla y divinizarla (1 Tes 5:23). Las personas pueden llegar a ser santas mediante una vida basada en la fe, la esperanza y el amor, así como en otras virtudes infundidas por el Espíritu Santo y sus dones. Pueden convertirse en «participantes de la naturaleza divina» (2 Pedro 1:4).

6. **Vocación:** La vocación se entiende a menudo como un fenómeno religioso por el que las personas responden a una llamada de Dios para cumplir una misión espiritual o una obra a lo largo de su vida. Desde una perspectiva cristiana, las vocaciones o llamadas espirituales adoptan tres formas básicas: a) la llamada a relacionarse con Dios a través de la búsqueda de la santidad; b) un estado de compromiso en la vida —ya sea la persona soltera, casada, ordenada o religiosa—, y c) el trabajo y el servicio a través del trabajo remunerado, el voluntariado y el servicio diario dentro de la familia y con los amigos.

7. **Vocación a la santidad:** La vocación de santidad típica se basa en la llamada en este mundo a amar a Dios y al prójimo como a uno mismo, así como a vivir una vida llena de buenas obras, las cuales Dios preparó de antemano para cada persona (Lc 10:27, 1 Tes 4:3, Ef 2:10).

8. **Estados vocacionales:** Todas las personas comienzan la vida siendo solteras y pueden continuar así amando y sirviendo a Dios y al prójimo. En general, ser miembro de una familia es el primer estado vocacional y es dentro de la familia donde se enseña a recibir amor y darlo.

9. **Trabajo y servicio:** En un tercer nivel de vocación, las personas se comprometen con el trabajo y el servicio, re-

munerado o no, y esto ayuda a su realización y santificación, contribuyendo a su vez al bien de la familia, de las
demás personas y de la humanidad (Gn 2:15; Mt 25:20).
Es mediante ese trabajo como se puede ejercer el man-
dato divino de ir más allá de los amigos y la familia para
amar al prójimo, acoger al extranjero, impartir justicia
para con los pobres y hacer el bien al enemigo.

10. **Oración y sacramentos:** Cada persona está llamada a la
comunión con Dios mediante la oración. La práctica de
la oración une a los individuos con la comunidad y con
Dios. Debido a la importancia de la persona en conjunto,
el culto requiere del cuerpo (el silencio y el canto, estar
de pie y arrodillarse, comer y beber) y de la relación (los
saludos y darse la paz o las bendiciones y respuestas comunitarias). De esta manera, nuestro cuerpo participa de
la fe e incluso la conoce. Dios ofrece no solo la salvación
eterna, sino también apoyo temporal, sanación y orientación por medio de los sacramentos, que están a disposición de todos los creyentes cristianos. No obstante, la
gracia de Dios no se limita a los sacramentos, ya que permite el bautismo de deseo, el cual se ofrece incluso a los
no creyentes gracias la justicia y la misericordia de Dios.

3

Ventajas de la fe católica para desarrollar un modelo de la persona

Aquí,[1] el libro señala las principales razones por las que la situación actual en el ámbito de la psicología propicia que la concepción cristiana de la persona se integre en la psicología secular contemporánea y en la práctica de la salud mental. Las ventajas actuales incluyen, en primer lugar, el marcado declive que se ha producido en las últimas décadas en la confianza que tenían los no creyentes en que el futuro sería necesariamente secular, así como el crecimiento de la religión en gran parte del mundo. Si bien el cristianismo cultural ha decaído en Occidente, los aspectos evangélicos del cristianismo, tanto de los protestantes como de los católicos, han aumentado en Estados Unidos. En segundo lugar, en las últimas décadas, no han surgido nuevas teorías psicológicas importantes hostiles al cristianismo. En tercer lugar, ha habido un desarrollo de la teoría y la práctica psicológica bastante compatible con el cristianismo, incluyendo la psicología cognitiva y conductual, con su enfoque en la razón consciente,

---

[1] Paul C. Vitz, cap. 3, «Ventajas que aporta la fe católica en la construcción de un metamodelo integrado de la persona para la práctica de la psicología y la salud mental», en Vitz, Nordling y Titus (2021), *op. cit.*, vol. I, pp. 93-119.

así como la psicología positiva, que al fin reconoce la relevancia de las virtudes, el perdón como una contribución positiva a la psicoterapia y al *counseling* y el enfoque narrativo de la psicoterapia. En cuarto lugar, el mismo ámbito de la psicología ha pasado a tener una actitud más positiva con respecto a la espiritualidad y la religión. En quinto lugar, otra ventaja para combinar fe y psicología es que existe un gran número de psicoterapeutas y orientadores cristianos en la actualidad; la mayoría de ellos son protestantes, pero el número de católicos en el ámbito de la salud mental está creciendo a gran velocidad. Además, en sexto lugar, hay muchos cristianos que recurren a los servicios de salud mental hoy en día. Mientras que en el pasado los pacientes eran en su mayoría no creyentes o estaban hospitalizados con enfermedades mentales graves, en la actualidad ambos grupos —los terapeutas cristianos y los pacientes cristianos— desean esa integración.

Asimismo, este capítulo presenta las ventajas especiales que aporta el catolicismo a la integración del cristianismo y la psicología. La primera de ellas es la teología católica oficial, clara y de fácil acceso. Es decir, lo que se está integrando con la psicología está muy bien definido, por ejemplo, en el catecismo. No es el caso de la teología protestante, que es poco precisa, o del *mero cristianismo*, que resulta ambiguo. La segunda es que la postura católica oficial aborda el importante ámbito de la moralidad en la terapia, sobre todo la referente a cuestiones sexuales. La tercera es que la antropología católica existente está bien elaborada, incluida la filosofía, en concreto la corriente filosófica del realismo, que es coherente con la ciencia y evita cualquier problema de subjetividad. En cuarto lugar, la gran variedad de países y culturas católicas de todo el mundo evita cualquier apropiación de la fe por parte de una cultura concreta, aunque hoy en día existe cierta apropiación por parte del secularismo occidental.

PARTE II

Respaldo psicológico

4

Teorías modernas de la personalidad: Una crítica cristiano católica

En este capítulo,[1] se exponen brevemente las principales teorías de la personalidad seculares (por ejemplo, la freudiana, la jungiana y la rogeriana) y se señalan aquellos supuestos filosóficos que suelen pasar desapercibidos y no se justifican. Por ejemplo, suele darse por sentado que el ateísmo está por encima del teísmo. Sin embargo, rechazar u omitir a Dios, así como eludir la importancia de las creencias y prácticas religiosas y espirituales, es un error esencial en cualquier teoría de la personalidad.

De igual modo, la mayoría de las teorías seculares de la personalidad asumen, a menudo de modo implícito, que lo único que podemos conocer son nuestros estados mentales, no la realidad objetiva; no hay realismo, solo subjetividad. Gran parte de la psicología también presupone que en el mundo todo está determinado y no hay libertad; no solo nuestras afecciones están determinadas, sino todo.

---

[1]   Paul C. Vitz, cap. 4, «Teorías modernas de la personalidad: Una comprensión crítica de la personalidad desde una perspectiva cristiano católica», en Vitz, Nordling y Titus (2021), *op. cit.*, vol. I, pp. 121-152.

Otra premisa común de las teorías seculares consiste en tener en cuenta la relatividad moral en lugar de las normas morales. Las cuestiones morales están relacionadas con cada paciente, o quizá con la sociedad. Además, muchas teorías existentes parten de una concepción reduccionista de las personas a las que pretenden ayudar, en lugar de una concepción constructivista. Las concepciones existentes han hecho hincapié en las pulsiones o emociones inconscientes, y a veces en la mera interpretación racional en lugar de en el amor y el sentido trascendental. Todas estas premisas se confrontan con las cristianas para entender a la persona.

A continuación, se señalan importantes características de la persona, tal y como se entienden desde la perspectiva cristiano católica, y se argumentan brevemente. Estas características incluyen la corporeidad, que se basa en la unidad entre cuerpo y alma (por tanto, el alma se reintroduce en la psicología) y tiene en cuenta las diferencias masculinas y femeninas; las relaciones interpersonales a lo largo de la vida, que en última instancia se consideran fruto de la naturaleza de la Trinidad; el libre albedrío y la razón, es decir, la inteligencia humana, con su característica conciencia ligada al lenguaje; también las personas tienen experiencias sensoriales-perceptivas-cognitivas, incluyendo la imaginación y las emociones, y, por último, las vocaciones. Para todas estas características, las virtudes son muy importantes.

A continuación, el capítulo esboza la diferencia entre persona e individuo según Carl Rogers. Por último, se describe el proceso de convertirse en persona, centrándose en la obra de Karol Wojtyła (Juan Pablo II).

5

Fundamentos psicológicos del meta-modelo

Este capítulo[1] muestra que varias escuelas o teorías de la psicología contemporánea, en realidad, respaldan las principales características teológicas y filosóficas del meta-modelo cristiano católico. Las premisas teológicas narrativas de la persona como creada, caída y redimida son similares a los aspectos narrativos de los enfoques actuales de la personalidad y la psicoterapia. Por ejemplo, somos personas buenas, pero estamos dañadas por la experiencia, aunque podemos sanar mediante psicoterapia y *counseling*. Algunos psicólogos narrativos definen la terapia exitosa como aquella que construye una nueva historia de vida redentora.

Las premisas teleológicas del meta-modelo son similares a las de la psicología positiva, que se centra en el desarrollo de las virtudes, y a las de la psicología existencial, que hace hincapié en el sentido trascendente. Las dimensiones estructurales de la persona también reciben respaldo psicológico. Por ejemplo, la idea de la persona como una unidad entre cuerpo y alma o un todo

---

[1] Paul C. Vitz, cap. 5, «Apoyo psicológico básico para el meta-modelo cristiano católico de la persona», en Vitz, Nordling y Titus (2021), *op. cit.*, vol. I, pp. 153-200.

es similar a la de muchas psicologías holísticas. Este énfasis que pone el modelo en las relaciones es similar al de la teoría del apego y otras teorías interpersonales contemporáneas. La psicología científica clásica lleva mucho tiempo estudiando la importancia de la razón de la persona, es decir, la inteligencia y el lenguaje, así como de las emociones y de las capacidades sensoriales, perceptivas y cognitivas, y más recientemente, tras haberla descuidado, también de la voluntad.

La relación que existe entre las tres primeras premisas teológicas del modelo —persona creada, caída, redimida— se ilustra mediante la comparación con siete importantes teóricos de la psicología: Sigmund Freud, Carl Jung, Alfred Adler, Carl Rogers y Abraham Maslow, Victor Frankel, Eric Ericson y Martin Seligman.

Por ejemplo, Freud daba por supuesto que nuestro origen humano se debía a la evolución biológica y que éramos principalmente malos. Nuestro problema surgía de las pulsiones o instintos biológicos en conflicto entre sí, con la realidad y con la sociedad. La solución consistía en reducir los conflictos al nivel normal de la miseria humana; esto es, no proponía ninguna síntesis o propósito, pues tenía una visión trágica de la vida.

Carl Rogers, por el contrario, veía nuestro origen humano simplemente como una existencia no examinada, que lo más probable era que se debiese a la evolución, y consideraba que el yo era bueno por completo. Nuestro problema era la inhibición y las malas experiencias causadas por la familia y la sociedad. La solución consistía en eliminar las inhibiciones para permitir la realización personal, que siempre es buena, una actividad que dura toda la vida y es su objetivo mismo.

A continuación, el capítulo analiza la relación entre las enfermedades mentales cristianas tradicionales (los vicios) y las descripciones psicológicas contemporáneas de estas. Algunos ejemplos son el orgullo y la vanidad (egocentrismo, descuido de los demás, narcisismo), la ira (violencia, odio a los demás, odio a uno mismo, incapacidad de perdonar) y la gula (falta de moderación y placer desmesurado en la comida, la bebida o las drogas, que a menudo da lugar a una adicción).

El capítulo también pone de manifiesto el respaldo que ofrece la psicología secular a las premisas filosóficas del modelo. En él, se aportan pruebas de la importancia del cuerpo y se defiende la idea del alma como forma espiritual que lo anima. De manera análoga a nuestro ADN físico, que mantiene la forma de nuestro cuerpo durante toda la vida, el alma puede considerarse un ADN espiritual, un código perfecto animado divinamente. Es probable que este ADN espiritual dé lugar a la conciencia humana; además, interactúa con nuestro cuerpo durante toda la vida. Cuando morimos, este ADN espiritual abandona nuestro cuerpo, pero puede expresarlo de un modo perfecto y glorioso a un nivel trascendente. En los apartados siguientes, el capítulo presenta parte de la psicología subyacente a la realización humana mediante las virtudes y nuestras vocaciones o llamadas.

Aquí se incluyen, de forma más breve, las once premisas psicológicas básicas, las cuales proporcionan una visión psicológica de la persona en consonancia con las premisas teológicas y filosóficas del meta-modelo cristiano católico de la persona. Sirven como un esquema que se ampliará con subpremisas que explican más a fondo las implicaciones teóricas y clínicas del meta-modelo para la psicología y el *counseling*. (Entre paréntesis, se indica el nombre de la premisa teológica y filosófica correspondiente).

1. La persona cuenta en esencia con bondad, dignidad y valor y busca su prosperidad y la de los demás. Esta dignidad y este valor son independientes de la edad o de cualquier habilidad. El buen fondo es fundamental para que una persona valore la vida, se desarrolle moralmente y prospere. (Creada).

2. La persona suele experimentar diferentes tipos de dolor, sufrimiento, ansiedad, depresión u otros trastornos

en sus capacidades humanas y durante sus relaciones interpersonales. A veces, las personas dicen que no se respetan ni quieren a sí mismas ni a otros como deberían. (Caída).

3. La persona, con la ayuda de los demás, puede conseguir apoyo y sanación, corregir conductas dañinas y encontrar un significado por medio de la razón y la trascendencia, todo lo cual la lleva a prosperar. (Redimida).

4. Cada ser humano es la unión de un cuerpo y un alma unificados con una identidad personal única que se desarrolla a lo largo del tiempo en un contexto sociocultural determinado. (Plena).

5. La persona prospera discerniendo tres llamadas, respondiendo a ellas y equilibrándolas: a) la llamada como persona a vivir una vida guiada por valores, centrada en el amor y las metas trascendentes; b) la llamada a cumplir con compromisos vocacionales con otras personas, como permanecer soltera, casarse o tener una vocación religiosa, y c) la llamada a participar en trabajos, servicios y actividades de ocio socialmente significativos. (Realizada a través de la vocación).

6. La persona se realiza gracias al desarrollo continuo de sus virtudes, su carácter moral y su madurez espiritual, incluyendo el crecimiento de sus capacidades cognitivas, volitivas, emocionales y relacionales. (Realizada mediante la virtud).

7. La persona es intrínsecamente interpersonal, formada a lo largo de su vida mediante relaciones. (Interpersonalmente relacional).

8. La persona se encuentra en interacción sensorial, perceptiva y cognitiva con la realidad externa y dispone de capacidades relacionadas, como la imaginación y la memoria. (Sensorial-perceptiva-cognitiva).

9. La persona tiene la capacidad de sentir emociones. Las emociones, que implican sentimientos, respuestas sensoriales y fisiológicas, así como tendencias a reaccionar (conscientes o no), proporcionan a la persona el conocimiento de la realidad externa, de los demás y de sí misma. (Emocional).

10. La persona cuenta con capacidad racional. Esta capacidad incluye la razón, la conciencia de sí misma, el uso del lenguaje y las funciones cognitivas sofisticadas, que se expresan en múltiples tipos de inteligencia. Estas capacidades racionales puede utilizarlas para facilitar su sanación psicológica y realización buscando la verdad sobre sí misma, los demás y el mundo exterior, así como el sentido trascendente. (Racional).

11. La persona dispone de una voluntad que, en los aspectos fundamentales, es libre y actúa como un agente con responsabilidad moral cuando ejerce su libre albedrío. Por ejemplo, el ser humano tiene la capacidad de dar libremente el perdón o denegarlo, así como de ser altruista o egoísta. (Con voluntad y libre).

6

El meta-modelo y el concepto de la persona como capas integradas

En este capítulo,[1] se propone un modelo de la persona jerárquico que consiste en distintos niveles de abstracción y entendimiento. Dentro de estos niveles, tres de ellos son objetivos y observables: la bioquímica, que constituye el nivel –3, los procesos neuropsicológicos, que comprende el nivel –2, y el comportamiento, que es el nivel –1. Después, se pasa a tres niveles subjetivos de experiencia personal: la conciencia elemental, la propia de un bebé durante su primer año de vida (nivel 1); la autoconciencia, distintivamente humana, que requiere del lenguaje —la transición entre el nivel 1 y el 2 está descrita en los testimonios personales de Helen Keller— (nivel 2), y la experiencia mística o trascendente (nivel 3). (Aunque no se mencione en el meta-modelo, las experiencias cercanas a la muerte también son ejemplos del nivel 3). Estos tres tipos de experiencia humana se conocen como *qualia* 1, *qualia* 2 y *qualia* 3 respectivamente. A continuación, vienen los niveles racionales superiores: la teoría psicológica (nivel 4), la teoría sociocultural (nivel 5, que en rea-

---

[1]   Paul C. Vitz y Su Li Lee, cap. 6, «El meta-modelo y el concepto de la persona como capas integradas», en Vitz, Nordling y Titus (2021), *op. cit.*, vol. I, pp. 201-225.

lidad no se aborda en el meta-modelo), la teoría filosófica (nivel 6) y la teoría teológica (nivel 7).

En el libro, encontramos un ejemplo de las capas jerárquicas de la persona al analizar la respuesta emocional al miedo a las serpientes. Estas capas incluyen aquellas corporales que expresan el miedo partiendo de un nivel bioquímico hasta el comportamiento observable. Luego, se consideran los tres niveles de experiencia personal y la naturaleza de la interpretación que hace la persona según alguna teoría psicológica, posiblemente relacionada con una fobia o experiencia. Para acabar, se mencionan los niveles racionales superiores dentro del modelo; por ejemplo, una interpretación teológica de las serpientes.

Por tanto, esta estructura en capas se basa en las evidencias comunes que sustentan estas propiedades de la persona, la cual encontramos en los ámbitos de la ciencia, la psicología y otras disciplinas, incluidas la filosofía y la teología. Estas evidencias, que se refuerzan mutuamente, van más allá de la consiliencia científica, dado que abarcan la conexión jerárquica —o integración o correspondencia— entre los niveles, muchos de los cuales no pertenecen a las ciencias naturales, además de que cada uno de ellos cuenta con su propia epistemología.

Otro ejemplo es el de una persona cuya vida interpersonal se expresa en el hecho de vivir sola. Esto puede entenderse, en un nivel psicológico, como un estilo de apego evitativo y, en un nivel filosófico, como autonomía y rechazo de la importancia de los demás. Este estilo de apego podría incluso explicarse en niveles más bajos y concretos, como un patrón neuronal disfuncional debido a un trauma temprano por abandono y, a un nivel aún más bajo, el químico, como una cantidad inadecuada de oxitocina. Comenzando por abajo, la cantidad inadecuada de oxitocina se encuentra en el nivel -3; el patrón neuronal disfuncional, en el nivel -2, y el hecho de vivir sola, en el -1. Como ya se ha indicado antes, el nivel -2 corresponde al nivel psicológico del *qualia 2*, es decir, experimentar soledad y miedo al rechazo o abandono.

En este ejemplo, omitimos el nivel 1, la conciencia elemental, y el nivel 3, la trascendencia, pues resultan irrelevantes, y pasamos al nivel 4, la teoría psicológica del apego evitativo; después, al nivel 5, la interpretación sociocultural que la persona y otros hacen de vivir en soledad; luego, al nivel 6, el hecho de que la persona prefiere ser independiente y autónoma, y por último al nivel 7, el supuesto rechazo o indiferencia de la persona hacia Dios, sobre todo a Dios como amor.

En resumen, el meta-modelo representa a la persona en muchos niveles conceptuales como si estuviese hecha de diferentes capas interpretativas que la caracterizan como un todo, pero también permite que ciertos niveles mantengan su identidad.

Respaldo filosófico

7

Metodología y supuestos del meta-modelo

Cada enfoque de la teoría psicológica, la salud mental y la prosperidad humana se basa en una visión determinada de la persona. Esta visión suele responder a cuestiones como qué es una persona, por qué existimos o qué hace que una persona prospere. Como ya se ha señalado, muy a menudo, la base conceptual y la tradición de una determinada cosmovisión o sistema de valores tan solo está implícita. Y, si bien las interpretaciones psicológicas pueden ser válidas, no carecen de valores. Este capítulo presenta de forma clara un esquema de la filosofía realista, con su metodología, presupuestos y tradición, que fundamenta el meta-modelo cristiano católico de la persona.[1]

El modelo forma parte de la investigación en curso dentro de la tradición cristiano católica, la cual ya ha establecido un marco conceptual y una metodología dialógica, una tradición que encontramos en las fuentes patrísticas y en los doctores de la Iglesia, así como en Juan Pablo II y Benedicto XVI. Este marco se utiliza para (a) identificar las verdades de las teorías y prácticas de la salud

---

[1] Craig Steven Titus, Paul C. Vitz y William J. Nordling, cap. 7, «Metodología y supuestos», en Vitz, Nordling y Titus (2021), *op. cit.*, vol. I, pp. 229-290.

mental, así como de las ciencias psicológicas; (b) determinar las limitaciones de dichas teorías, conclusiones y prácticas, y (c) utilizar esta visión más completa para mejorar la conceptualización de casos, los diagnósticos y la planificación del tratamiento.

En el capítulo, se comienza señalando que al combinar la razón y la fe se obtienen dos perspectivas complementarias sobre la realidad de la persona. El uso realista de la razón refleja, en parte, las obras de Juan Pablo II (sobre todo, *Fides et ratio*), Tomás de Aquino, MacIntyre y Popper. Se puede afirmar que la tradición católica —una cosmovisión doctrinalmente estable pero sapiencialmente expansiva— es hoy en día la tradición más coherente para entablar un diálogo con el pensamiento contemporáneo acerca de la naturaleza humana y la verdad.

En este capítulo, lo siguiente que se hace es indicar aquellos tipos de reduccionismo que deben evitarse, como el materialismo y el individualismo autónomo. No hay duda de que el modelo acepta las contribuciones de los principales teóricos de la psicología, pero rechaza el sesgo anticristiano que suele encontrarse en sus obras.

Se continúa hablando de las aportaciones de la neurociencia y la psicoterapia narrativa. El meta-modelo acepta sus descubrimientos válidos, pero señala la importancia de que incorporen premisas metafísicas y de otros niveles superiores para comprender a la persona. A continuación, se mencionan otros enfoques cristianos integrados, aunque ha de aclararse la postura teológica de cada uno, en particular sobre si la persona conserva su dignidad y bondad básicas después de la caída, así como en medio del mal y el pecado. De igual modo, cada uno de estos enfoques considera el libre albedrío de manera diferente.

Asimismo, el capítulo aborda el concepto de matrimonio, uno de los estados vocacionales posibles. Se indica que el cristianismo, al considerar a hombres y mujeres iguales en cuanto a dignidad y que requiera que se elija libremente al cónyuge, ha elevado el matrimonio y lo ha enriquecido.

A continuación, se presenta de forma sintética la importante definición tripartita de la persona que propone el modelo. Desde una perspectiva filosófica, la persona es una sustancia individual con una naturaleza racional (intelectual), volitiva (libre), relacional (interpersonal), sensorial-perceptiva-cognitiva (conocimiento prerreflexivo), emocional y unificada (cuerpo y alma). La persona está llamada a progresar, a la responsabilidad moral y la virtud mediante su estado vocacional, ya sea con votos o sin ellos, así como mediante su trabajo, servicio y ocio significativo.

Desde una perspectiva teológica (Escrituras, tradición y magisterio), la persona ha sido creada a imagen de Dios y hecha para el amor divino y humano, y —aunque sufra los efectos del pecado original, personal y social— está invitada a la redención divina en Jesucristo, a la santificación por medio del Espíritu Santo y a la bienaventuranza con Dios Padre.

Desde una perspectiva psicológica, la persona es un individuo encarnado que es inteligente, utiliza el lenguaje y ejerce un libre albedrío limitado. Asimismo, es fundamentalmente interpersonal, experimenta emociones y las expresa y posee capacidades sensoriales, perceptivas y cognitivas que le permiten estar en contacto con la realidad. Todas estas características son posibles gracias a la unión del cuerpo con la autoconciencia y se expresan en el comportamiento y la vida mental.

Además, por su naturaleza humana, la persona está llamada a prosperar mediante el comportamiento virtuoso y el crecimiento trascendente; mediante compromisos con la familia, amigos y otras personas, y mediante el trabajo, el servicio y el ocio significativo. Desde sus orígenes (naturales y trascendentes), todas las personas tienen bondad, dignidad y valor intrínsecos. A lo largo de la vida, aunque sufran de muchos trastornos y problemas naturales, personales y sociales, las personas esperan sanación, sentido y realización.

Basándose en una amplia base de respaldo teórico y práctico para esta idea integrada de la persona, el capítulo presenta otras maneras en que este meta-modelo sirve para aunar los tres niveles básicos de información: (a) respaldo psicológico: cómo contribuyen a nuestro conocimiento de la persona las teorías de la personalidad, los estudios empíricos y las prácticas de salud mental basadas en la evidencia; (b) respaldo filosófico (basado en la razón): cómo complementan nuestra visión de la persona el significado existencial, las ideas sobre la verdad y la belleza y las reflexiones éticas sobre la bondad, las vocaciones y las relaciones interpersonales; c) respaldo teológico (basado en la fe): cómo amplía aún más la visión cristiano católica de la persona nuestra comprensión de esta, sobre todo en lo que respecta a la práctica de la fe en Dios, la esperanza de que haya vida después de la muerte y el amor abnegado.

A continuación, se proporcionan las ocho premisas filosóficas de modo abreviado con sus subpremisas correspondientes, las cuales se desarrollarán en los capítulos siguientes. (Véase también la tabla 1, al final del capítulo 19, que representa jerárquicamente las once premisas). Estas premisas muestran una visión filosófica cristiana de la persona basada en la experiencia humana, la razón y la tradición filosófica cristiana en diálogo con las ciencias y otras formas de conocimiento.

La persona es...

IV. **Unidad:** El alma espiritual, creada por Dios, es el principio que anima el cuerpo humano y le da forma sustancial (Salmo 139:13; Catecismo de la Iglesia católica §§ 362-68). Debido a su unidad entre cuerpo y alma, todos los seres humanos poseen una conciencia personal distintiva, diferente de la mera conciencia animal.

- Subpremisas: 1) dignidad humana, 2) unidad entre cuerpo y alma como don de vida, 3) varón o mujer, 4) ley natural y norma personalista, 5) capacidades múltiples, 6) seres vivos orgánicos, 7) comportamientos y acciones, 8) situación en un contexto cultural, histórico y ambiental, 9) plenitud.

V. **Realizada a través de la vocación:** La realización humana también conlleva un desarrollo teleológico (con propósito) por medio de tres niveles de vocación: (a) respuestas a la llamada a la bondad y santidad personales, (b) estados vocacionales con votos o sin ellos y (c) trabajo y servicio.

- Subpremisas: 1) llamada o vocación, 2) llamada a la bondad, 3) llamada a estados vocacionales comprometidos, 4) llamada al trabajo, al servicio y al ocio significativo.

VI. **Realizada a través de la virtud:** La prosperidad implica un desarrollo teleológico (intencionado) de las capacidades y relaciones de la persona por medio de la virtud, la vocación y las prácticas afines que buscan la vida buena. Por el contrario, gran parte de la decadencia y el sufrimiento humanos son el resultado de experiencias traumáticas, elecciones equivocadas, prácticas inadecuadas o relaciones dañinas, que a menudo no son plenamente responsabilidad de la persona.

- Subpremisas: 1) inclinación hacia la realización propia y hacia Dios, 2) inclinaciones naturales, 3) evolución en el tiempo, 4) salud y enfermedad, 5) virtudes, 6) tipos de virtudes, 7) conexión de las virtudes a través de la prácticas, 8) desorden moral y maldad, 9) vicio, 10) prevención.

VII. **Interpersonalmente relacional:** Las personas son sociales por naturaleza, inclinadas a la familia, la amistad, la vida en sociedad y otras relaciones interpersonales, así como con necesidad de estas.

- Subpremisas: 1) receptividad e interpersonalidad, 2) amor como punto central, 3) relación con Dios, 4) relaciones conyugales y significado conyugal del cuerpo, 5) familia, 6) amigos, 7) comunidades.

VIII. **Sensorial-perceptiva-cognitiva:** Todo ser humano ejerce sus capacidades sensoriales, perceptivas y cognitivas prerracionales como una unidad entre cuerpo y alma. Estas capacidades son una importante base para las dimensiones racionales lingüísticas, interpersonales y morales, así como para otras capacidades cognitivas superiores que son fundamentales para la singularidad de la vida humana.

- Subpremisas: 1) receptividad al mundo exterior, 2) cinco sentidos primarios, 3) percepciones de orden superior y cogniciones prerracionales, 4) disposiciones cognitivas habituales, 5) base para el conocimiento activo, 6) encuentro activo con el mundo y sus condiciones.

IX. **Emocional:** Las capacidades emocionales (afectividad sensorial) son significativas para la comprensión de uno mismo, las relaciones interpersonales, los actos morales y la vida espiritual. Los seres humanos son emocionales de una forma única y particular debido a su unidad espiritual entre cuerpo y alma. Hay otras diferencias en la vida emocional de los seres humanos que reflejan el hecho de que una persona se haya creado hombre o mujer, las cuales se basan en predisposiciones biológicas y dependen de la experiencia.

- Subpremisas: 1) consciencia de las emociones, 2) emociones como inherentemente buenas, 3) influencia de las emociones en las capacidades intelectuales y espirituales, 4) influencia de las capacidades intelectuales y espirituales en las emociones, 5) influencia social en las emociones, 6) virtudes basadas en la emoción, 7) importancia de las emociones en la acción moral, 8) unidad, pero con distinción de afecto (emoción y voluntad), 9) emoción religiosa o espiritual.

X. **Racional:** Las personas son seres inteligentes y buscan activamente la verdad y la libertad. Al ser racionales, disponen de diferentes niveles y tipos de inteligencia y conocimiento. Expresan su racionalidad mediante el lenguaje, a menudo de forma narrativa.

- Subpremisas: 1) inclinaciones racionales, 2) objetos de conocimiento, 3) sentido y conocimiento intelectual, 4) tipos de creencias, 5) autoconocimiento y autocontrol, 6) virtudes racionales y ley natural, 7) belleza.

XI. **Con voluntad y libre:** los seres humanos son los sujetos de los actos morales, capaces de ejercer su voluntad responsablemente y libres de elegir.

- Subpremisas: 1) responsabilidad, 2) autodeterminación, 3) tipos de amor humano, 4) creatividad, 5) limitación, 6) inclinaciones volitivas, 7) capacidad para crecer en libertad.

8

Plena (unidad personal)

En este capítulo, se aporta un respaldo filosófico o basado en la razón para el meta-modelo.[1] Al hacerlo, se reconoce la importancia de contar con una visión de la persona amplia y sólida, tanto para profesionales de la salud mental como para todos aquellos (filósofos, políticos, etc.) que tratan de comprender la naturaleza de la persona y de las relaciones interpersonales.

Una premisa fundamental del modelo es que cada ser humano posee plenitud, o unidad, y dignidad innata. Para comprender la naturaleza de la persona, hace falta abordarla desde varias perspectivas metodológicas: teológica (que señala la revelación de Dios y el amor), existencial o narrativa (que busca el sentido en la realidad), metafísica u ontológica (centrada en el origen de la persona y sus objetivos, así como en la unidad entre cuerpo y alma), sociocultural (que tiene en cuenta la influencia de los grupos sociales), psicológica (la cual busca patrones relacionales, cognitivos, motivacionales, emocionales, personales y comportamentales), ética (que aborda la responsabilidad moral, las

---

[1]   Craig Steven Titus, Paul C, Vitz y William J. Nordling, cap. 8, «Plenitud personal», en Vitz, Nordling y Titus (2021), *op. cit.*, vol. I, pp. 291-336.

virtudes y los vicios) y biológica y neurocientífica (que estudia la vitalidad de un organismo y sus características a lo largo del tiempo). En el capítulo, se analizan estas perspectivas y se pone de manifiesto su relación con la experiencia humana de la plenitud. Es la persona —con cuerpo físico y alma espiritual— la que engloba todos estos fenómenos.

Aquí se presenta una premisa básica del meta-modelo con un ejemplo típico de cómo se vería en la realidad:

Pleno	Un hombre regresa del trabajo.
Realizado a través de la vocación	Como marido y padre, experimenta la convergencia de sus vocaciones; se separa de la gente con la que ha trabajado durante la jornada.
Realizado a través de la virtud	Expresa su carácter espiritual, moral y personal mediante las atenciones que les presta a los miembros de su familia.
Relacional	Encuentra significado y sentido en su papel de marido de su mujer, padre de sus hijos y amigo de sus vecinos.
Sensorial y perceptivo	Se ocupa de las necesidades concretas de cada miembro de la familia y su casa.
Emocional	Siente una mezcla de agotamiento por sus esfuerzos, preocupación por las dificultades en la crianza de sus hijos y alegría por estar con su familia.
Racional e intelectual	Considera si uno de sus hijos debería comenzar una nueva actividad, teniendo en cuenta las demás actividades del niño.
Con voluntad y libre	Elige descansar en el sofá con su mujer. Tras la cena, a pesar del cansancio, le lee un cuento a su hijo pequeño y reza con él antes de acostarlo.

Por tanto, el meta-modelo tiene en cuenta la naturaleza de la dignidad humana básica. Plantea que el origen de esta dignidad se encuentra en el buen fondo y relacionalidad innatos del ser humano, en el don de la existencia otorgado por Dios y en la realidad profunda de la unidad personal. Esta dignidad básica se va descubriendo con el tiempo, pero, además, los seres humanos adquieren otro tipo de dignidad que depende de sus actos. Sin embargo, la dignidad humana básica, basada en la fe, es permanente y no puede perderse, dado que no está sujeta a los cambios o decisiones de quienes ostentan el poder en una sociedad determinada.

Después, en el capítulo 8, se aborda la importancia de la unidad entre cuerpo y alma como don de la vida que se necesita para prosperar. Esto demuestra la importancia de que la naturaleza humana sea completa y la persona, una unidad, pues la unidad es esencial para realizarse. Así, el modelo responde a corrientes filosóficas, como el materialismo y el dualismo, que cuestionan la idea de unidad y la existencia del alma.

Asimismo, en el capítulo se muestra que no hay que subestimar ni exagerar la importancia del cuerpo. Centrándose en el ser humano como ser vivo biológico, se tratan los tipos de movimiento humano que hay (uno observable y otro profundo, interior, no observable) y su importancia, dado que los movimientos corporales y espirituales interactúan.

En el siguiente capítulo, se analiza la gran importancia que tienen la historia, el medioambiente y la cultura para los seres humanos y lo intrincado que esto es: nos encontramos inmersos en una realidad compleja que nos influye de muchos modos. De todos modos, la plenitud humana también incluye la capacidad de trascendencia, por la cual nos abrimos a los demás y a Dios y trascendemos nuestras bases biológicas, en especial gracias a nuestras habilidades cognitivas y afectivas. El modelo rebate las interpretaciones erróneas de la plenitud, pues amenazan la comprensión de la persona. De igual modo, cuestiona los enfoques individualistas, reduccionistas, relativistas y dualistas de la persona que suelen encontrarse en ciertas corrientes filosóficas y psicológicas.

9

El hombre y la mujer

En este capítulo, se analiza el hecho de que el hombre y la mujer tengan la misma naturaleza, sean iguales en cuanto a dignidad y haya importantes diferencias entre ambos debidas a su creación, las cuales no son aleatorias, sino intencionalmente complementarias.[1] Para tratar el tema de los sexos, se emplea un enfoque basado en la ciencia, la razón y la fe.

La igualdad de los sexos no siempre se ha reconocido ni reflejado en la práctica o legislación. La discriminación surgió de la presunción de que los hombres eran biológica e intelectualmente superiores a las mujeres y, por lo tanto, estas tenían menos derechos que ellos. Tratando de defender la igualdad, muchas feministas y algunos psicólogos, filósofos y teólogos la han confundido con ser lo mismo, ignorando o rechazando cualquier diferencia entre los sexos más allá de las físicas, que resultan obvias.

Aunque en este capítulo se defienda la igualdad entre hombres y mujeres, también se plantea que existen diferencias im-

---

[1]   Christopher Gross, Lisa Klewicki, Paul C. Vitz y Craig Steven Titus, capítulo 9, «El hombre y la mujer: Igualdades, diferencias y complementariedad aplicadas a las vocaciones y virtudes, especialmente la virtud del coraje», en Vitz, Nordling y Titus (2021), *op. cit.*, vol. I, pp. 337-418.

portantes entre ellos. Estas se aprecian en la experiencia, se explican gracias al proceso neuropsicológico y se fundamentan en la religión cristiana. En el discurso, se trata de evitar los estereotipos al tiempo que se señalan las tendencias naturales de cada sexo, ya sean comunes o distintas.

En el capítulo, se aborda de qué maneras se ha entendido la igualdad entre hombres y mujeres en la psicología, la filosofía y la teología. En psicología, la mayoría de las teorías de la personalidad no distinguen entre sexos; del mismo modo, los test de inteligencia y el *DSM* asumen la igualdad de sexos. Desde una perspectiva filosófica, hombres y mujeres comparten naturaleza. Desde una perspectiva teológica, Dios creó tanto al hombre como a la mujer a su imagen; ambos son bendecidos y comparten la misión de cuidar de la prole y ser buenos custodios de la tierra.

A continuación, en el capítulo se tratan las diferencias entre hombres y mujeres. Estas diferencias pueden verse desde una perspectiva psicológica; por ejemplo, desde la infancia, las niñas están mucho más orientadas a las relaciones interpersonales que los niños. Asimismo, en situaciones de estrés, la respuesta femenina suele consistir en cuidar del otro y entablar amistad. Las mujeres son más empáticas que los hombres, los cuales tienden a ser mejores en tareas espaciales y son más agresivos. Las mujeres suelen ser más emocionales y su sexualidad, más interpersonal, mientras que los hombres separan con más facilidad el sexo y la intimidad emocional.

De hecho, en neurociencia, hay abundantes pruebas de que el cerebro masculino y el femenino están conectados de modo distinto. Por ejemplo, el de los hombres es más modular y está diseñado para la percepción y la acción física coordinada, mientras que el de las mujeres cuenta con más conexiones a lo largo del cuerpo calloso, conexiones transversales que indican que estas cuentan con mejores habilidades sociales y son multitarea.

Las implicaciones clínicas de las diferencias de sexo son cada vez más claras. Aunque en un principio el *DSM* apenas hacía distinciones entre sexos, las versiones más recientes señalan que ciertos trastornos son más frecuentes en un sexo determinado o que se manifiestan de forma diferente en hombres y mujeres. Por ejemplo, la depresión, los trastornos de pánico, la anorexia, la bulimia y la ansiedad generalizada son más frecuentes en las mujeres, mientras que los trastornos psicopáticos y parafílicos son más frecuentes en los hombres, al igual que los trastornos disruptivos, de control de impulsos y de conducta. También la drogadicción y el alcoholismo son más frecuentes en los hombres. Además, los mismos trastornos mentales pueden tener diferentes causas evolutivas en cada sexo.

Para analizar estas cuestiones desde una perspectiva filosófica, pensemos en la ética de la virtud, que ha despertado un gran interés en los últimos años. Las diferencias de sexo afectan a la adquisición de la virtud y a su ejercicio. Por ejemplo, el coraje se manifiesta de forma distinta en los hombres y en las mujeres. En las mujeres, el valor es más empático y centrado en las relaciones interpersonales, está más relacionado con padecer o arriesgarse a sufrir por el otro y con él. En los hombres, por su parte, se trata más bien de llevar la iniciativa, de hacer algo por el otro, de centrarse en comprender los hechos y los resultados para el otro, de atreverse y arriesgarse a sufrir algún daño para proteger al otro. Del mismo modo, los vicios, como la lujuria, no se manifiestan igual en los hombres que en las mujeres.

Desde una perspectiva teológica, el hombres y la mujer se completan: ningún sexo está destinado a estar solo. Cada sexo posee un genio único. Para Juan Pablo II, el genio femenino radica en la capacidad de la mujer para ser madre: una apertura no solo a la nueva vida, sino también al otro, tanto en la maternidad física como en la emocional y espiritual. El genio masculino, por su parte, se encuentra en la capacidad del hombre para ser padre, que puede adoptar formas físicas, psicológicas, sociales y espirituales. Si bien la máxima expresión del genio femenino es María, José es el paradigma del genio masculino como padre y esposo: su rectitud, dedicación, coraje y fidelidad se manifiestan por medio de actos extraordinarios.

Más adelante, en el capítulo, se habla de la complementariedad entre hombre y mujer. Las mujeres tienden por naturaleza a ser más cuidadoras y atentas emocionalmente, mientras que los hombres son más dados a implicarse en actividades en el exterior que proporcionan seguridad y recursos a la familia, las cuales pueden requerir conductas más arriesgadas. Las diferencias entre hombre y mujer suelen funcionar de modo sinérgico. Por ejemplo, en el trabajo y en la amistad, la presencia de ambos sexos aporta beneficios evidentes. Desde una perspectiva teológica, esta complementariedad favorece la armonía (aunque, por supuesto, los hombres y las mujeres también pueden tener dificultades para comprenderse y valorarse).

Las diferencias entre los sexos influyen en gran medida en nuestra prosperidad, tanto individual como colectiva. Aunque hombres y mujeres se han creado a imagen y semejanza de Dios y poseen la misma naturaleza y dignidad, son diferentes desde el punto de vista biológico, psicológico y espiritual. Estas diferencias influyen en la manera en que ambos se realizan, determinando sus responsabilidades vocacionales y el modo en que ejercen las virtudes en la práctica de esas vocaciones. Además, estas diferencias tienen que ver con la manera en que hombres y mujeres decaen, expresan el vicio y responden a tratamientos y terapias.

Las diferencias de sexo también constituyen el fundamento de la complementariedad entre hombre y mujer. Las personas de sexo masculino y femenino tienen un significado esponsalicio y, por tanto, se complementan en el plano de la fisiología y la neurobiología, en el plano de las tendencias psicológicas y sociales y en el plano de las disposiciones éticas y espirituales. La complementariedad entre los sexos puede producir un efecto sinérgico: cuando el hombre y la mujer trabajan juntos y cooperan, dan lugar a algo mayor, como un hijo y una familia de varias generaciones, algo que ninguno de los dos podría crear por sí solo.

10

Realizada a través de la vocación

En este capítulo, se cuestiona cómo contribuye la vocación, un elemento distintivo del meta-modelo, al singular modo en que la persona prospera o decae.[1] A tal fin, se plantea una estructura triádica de las vocaciones: una llamada, una respuesta y un cambio. Se considera que la persona se realiza por medio de la vocación entendida en tres niveles y desde dos perspectivas. Los tres niveles son las vocaciones al bien o la santidad; los estados vocacionales de matrimonio, soltería o religiosidad (sacerdocio o consagración), y la vocación al trabajo como servicio a uno mismo y a los demás. Todas las personas, sean cristianas o no creyentes, están llamadas a la bondad, representada por la prosperidad mediante el desarrollo de las virtudes innatas, por ejemplo, como expone la psicología positiva. Los cristianos están llamados a amar a Dios y a los demás, conforme a la redención de Jesucristo. Para los católicos, esta llamada al bien y a la santidad se basa en la vida de los santos y en las diversas tradiciones espirituales de la Iglesia.

---

[1]   Craig Steven Titus, William J. Nordling y Paul C. Vitz, capítulo 10, «Realizada a través de la vocación», en Vitz, Nordling y Titus (2021), *op. cit.*, vol. I, pp. 419-499.

Una de las dos perspectivas de la vocación está basada en la razón (filosofía y ciencia, incluyendo la teoría y práctica de la salud mental) y la otra, en la fe (teología y relato de la redención). Estas perspectivas se utilizan para interpretar cada nivel de la vocación y se hace hincapié en sus implicaciones para la psicología y la práctica de la salud mental. El mismo interés que tiene el modelo en la vocación lo tiene también en el sentido trascendente de la vida de una persona. La importancia del sentido trascendente en psicología la han reconocido muchos teóricos, sobre todo los existencialistas, como Viktor Frankl.

Desde una perspectiva filosófica, en el capítulo se ahonda en el supuesto de que, por naturaleza, cada persona experimenta el deseo de bondad y la llamada a prosperar en primer lugar; la llamada vocacional puede proceder de otra persona o de Dios. En segundo lugar, se tiene la opción de aceptar la llamada o de ignorarla o rechazarla. En tercer lugar, si se acepta la llamada verdadera, habrá una respuesta positiva, mientras que, si esta no es auténtica, uno se infravalorará.

En el capítulo, se analiza desde el punto de vista filosófico el supuesto de que las vocaciones cobran mayor importancia cuando incluyen no solo una llamada personal al bien o a la santidad, sino también una vocación a un estado vital. Los estados vitales incluyen el matrimonio, la soltería y la vida religiosa, ya sea ordenándose o consagrándose, y a menudo implican compromisos deliberados o votos. En el capítulo, se incluye un apartado especial sobre la naturaleza de la llamada a la soltería, así como al matrimonio. Un tercer estado es la llamada al trabajo, a una labor de servicio a los demás y a la sociedad, sea remunerada o no.

Desde una perspectiva teológica, el capítulo aborda el supuesto cristiano de que la llamada (o vocación) a la santidad refuerza la llamada al bien y a la prosperidad, puesto que la hace Dios personalmente, poniendo en el corazón humano el deseo de crecer en santidad y en comunión con los demás. En el capítulo también se abordan los criterios para discernir las vocaciones y la hipótesis cristiana de que estas tienen su fundamento en el don divino de la gracia. Se analiza la base teológica para entender tanto el estado de soltería como el de matrimonio, así como los estados de ordenación o consagración. Asimismo, se señala la evidencia psicológica de que las prácticas espirituales saludables contribuyen a la realización humana.

En el capítulo, se deja claro que las personas suelen estar inmersas en sus vocaciones y que la psicoterapia rara vez ha abordado este importante aspecto de aquellos a los que trata. A lo largo del capítulo, se analizan supuestos filosóficos y teológicos sobre el sentido y la realización que se encuentran en el trabajo, el servicio y el ocio. También se observa que tener una concepción positiva del trabajo aporta beneficios psicológicos. Se concluye destacando la vocación al amor y la donación de uno mismo, señalando que el amor a Dios y a los demás, sobre todo como donación de uno mismo, suele exigir sacrificios.

11

Realizada a través de la virtud

El meta-modelo de la persona destaca que la virtud es importante psicológicamente para prosperar y señala las ventajas de contar con una visión que incluya las virtudes a la hora de hacer frente a dificultades, flaquezas, pecados y vicios.[1] En su análisis de la virtud, el modelo respeta la naturaleza humana normativa y el deber, la dignidad y singularidad de cada persona, las diferencias entre los sexos, el bien común y la acción de la gracia.

Los seres humanos prosperan o fracasan en función de los compromisos que asumen para vivir una buena vida. En el meta-modelo, se entiende que las virtudes subyacen a la experiencia humana de la realización. Se considera que las virtudes tienen trece propiedades, que suelen presentar características que se solapan: 1) performativas (basadas en el acto); 2) perfectivas y correctivas (basadas en el agente); 3) intencionales (teleológicas y basadas en la razón); 4) éticas (basadas en normas morales); 5) influenciadas por la singularidad personal, por una igual dig-

---

[1]   Craig Steven Titus, Paul C. Vitz, William J. Nordling, Matthew R. McWhorter y Christopher Gross, capítulo 11, «Realizada en la virtud», en Vitz, Nordling y Titus (2021), *op. cit.*, vol. I, pp. 419-499.

nidad innata y por las diferencias de sexo y complementariedad; 6) conectivas, relacionales y de desarrollo (basadas en procesos interpersonales); 7) aprendidas gracias a modelos de conducta; 8) moderadoras (buscan un punto medio de excelencia entre dos extremos); 9) preventivas (basadas en fuerza); 10) no reduccionistas (contextuales y abiertas a las pruebas); 11) aplicativas (necesitan ser aplicadas a la investigación y la práctica); 12) vocacionales (basadas en llamadas), y 13) abiertas a lo trascendente y a Dios.

En el capítulo, se señala que, a lo largo del tiempo, todos los pueblos y todas las personas han buscado prosperar, tanto en términos subjetivos como objetivos. Desde una perspectiva teológica, el origen y el fin de la prosperidad se encuentran en el amor a Dios y al prójimo. La ley natural está estrechamente relacionada con el progreso humano. En este capítulo, se examina en detalle en qué consiste un modelo de persona basado en las virtudes en relación con las inclinaciones naturales humanas y la ley natural.

A continuación, se abordan la salud y la enfermedad y se señala que la salud psicológica es más que la simple ausencia de enfermedad: requiere vivir según las virtudes y fortaleza del carácter. La prosperidad de la persona está orientada a un fin y se basa en la virtud, que es multidimensional. Asimismo, se examinan distintos conceptos de virtud, en particular el de santo Tomás de Aquino y el de Martin Seligman. También se analiza la importancia de las virtudes cardinales o morales (prudencia, justicia, fortaleza y templanza), así como la de las virtudes intelectuales (sabiduría, entendimiento, ciencia, arte o *technē* y prudencia intelectual).

Las virtudes perfeccionan las inclinaciones y capacidades naturales, al propiciar (junto con la ley moral natural y sus preceptos) el cumplimiento de las metas y vocaciones humanas. Desde una perspectiva teológica cristiana, en el capítulo se analiza que el desarrollo de la virtud también depende de las inclinaciones espirituales, vocaciones trascendentes y gracia divina, así como, por el contrario, que las decisiones egoístas y malvadas dan lugar a desórdenes morales y espirituales y vicios.

Después, se analiza la relación existente entre los desórdenes morales y el mal. De igual modo que la prosperidad está relacionada con las virtudes, su opuesto tiene su origen en los vicios. Los vicios son los siguientes: 1) deformativos, 2) defectivos, 3) con una finalidad negativa, 4) no éticos e inmorales, 5) distorsionadores de la persona y de las diferencias sexuales, 6) disruptivos, 7) aprendidos a través de modelos de conducta desordenados, 8) extremos, 9) degenerativos y desintegradores, 10) reduccionistas, 11) mal aplicados, 12) antivocacionales y 13) no trascendentes. Los vicios, que por lo general se interrelacionan, son el desarrollo desordenado de las capacidades humanas buenas.

Dado que la psicología se enfrenta inevitablemente a cuestiones morales, las virtudes son relevantes, puesto que cumplen un importante papel en el camino de la realización.

12

Interpersonalmente relacional

Basándose en una concepción filosófica cristiana clásica de la persona, en este capítulo se brinda un respaldo dialéctico, narrativo y experiencial para entender a la persona como inherentemente relacional.[1] La realización se basa en una actitud interpersonal de generosidad, recepción y entrega para con las personas, el cosmos y Dios. Sin embargo, los efectos generalizados del individualismo y el racionalismo no solo han repercutido negativamente en la idea básica de la persona en la cultura occidental moderna, sino que también han dado lugar a una idea perjudicial o inadecuada de la vida familiar y la cohesión social.

En los escritos de algunos psicólogos, como Rogers, y filósofos, como Sartre y Nietzsche, se encuentran diferentes tipos de individualismo; sin embargo, los representantes de algunas de las primeras escuelas de psicología (como la de Adler o Sullivan) y de otras posteriores (que desarrollaron la teoría del apego, los sistemas familiares, la terapia centrada en las emociones y la psi-

---

[1]   Craig Steven Titus, Paul C. Vitz y William J. Nordling, capítulo 12, «Interpersonalmente relacional», en Vitz, Nordling y Titus (2021), *op. cit.*, vol. I, pp. 617-666.

cología positiva) han hecho, acertadamente, mucho más énfasis en las relaciones.

En el capítulo, se examinan algunas de las características sociales humanas incuestionables: a) las personas se realizan recibiendo y dando en el plano interpersonal; de hecho, recibimos antes de poder dar: recibimos la vida como un regalo y debemos seguir recibiendo y, luego, dando apoyo a los demás, pues estos son los medios de crecimiento y sanación a lo largo de la vida. Esto significa que b) estamos centrados en el amor. El amor es esencial para las personas: adopta diferentes manifestaciones, como amistad, altruismo, eros o romanticismo y caridad o *agapē*. Además, el amor, en sus diversas formas, perfecciona la voluntad. Desde una perspectiva cristiana, la máxima expresión de la comunicación interpersonal se halla c) en el deseo innato de amar a Dios, que implica la entrega abnegada de uno mismo. Esto significa que los seres humanos somos religiosos por naturaleza; es natural desear a Dios, aunque el ateísmo y la influencia de la sociedad laica hayan hecho de la nuestra una época profana. El deseo de Dios está ligado al anhelo más profundo de la verdadera realización. Hay fuentes naturales y reveladas de práctica religiosa; por ejemplo, el profundo sentimiento de asombro cuando al observar el orden del cosmos y la belleza de la naturaleza.

En este capítulo, también se analiza que el ser humano está hecho para el matrimonio, algo que se ha llevado a la práctica de distintas formas a lo largo de la historia. Dios no hizo al hombre para que estuviera solo, sino que quiso que este y la mujer se unieran el uno al otro fielmente y se convirtieran en una sola carne por medio del matrimonio. En el capítulo, se retoman los fundamentos para concebir el matrimonio como un acto indisoluble. Además, la familia es esencial en la manera de entenderlo: la entrega recíproca de los esposos en el amor conyugal está orientada a engendrar hijos y a constituir una comunidad familiar. La familia es una escuela de vida y contribuye a la realización personal. De igual modo, es esencial la amistad: los amigos contribuyen a la realización los unos de los otros. Existen diferentes tipos de amistad, si bien la más importante es aquella basada en la virtud, en la cual los amigos comparten el deseo del bien. A continuación, se aborda la naturaleza y finalidad de las comunidades. Como seres prosociales, los seres humanos necesitan comunidades económicas, socioculturales, cívicas y políticas, así como basadas en la fe, a las que también están llamados a contribuir. No obstante, existen numerosas amenazas para las comunidades, como el terrorismo, el anarquismo y actos antisociales de diversa índole. El planteamiento cristiano constata que la vitalidad de la sociedad humana depende no solo de la justicia, sino también de la verdad e incluso de la alegría: tales son los fines de una comunidad cristiana. La doctrina social de la Iglesia se fundamenta en los principios de subsidiariedad, bien común, solidaridad y familia. Los católicos consideran que la Iglesia es la comunidad que reúne a todas las naciones y a todas las comunidades para responder a la llamada divina al Reino de Dios.

13

Sensorial-perceptiva-cognitiva

Dado que las personas son multidimensionales, el meta-modelo ha de reconocer sus variadas capacidades.[1] En este capítulo, se abordan aquellas sensoriales, perceptivas y cognitivas desde una perspectiva filosófica cristiana; en particular, desde el punto de vista católico: realista y no materialista.

En el capítulo, se trata el hecho de que los seres humanos son receptivos al mundo exterior, en gran parte a través de los cinco sentidos principales: la vista, el oído, el olfato, el gusto y el tacto —los sentidos *exteriores*—. (También se menciona la experiencia interior, como el dolor o el hambre). El análisis detallado de estos sentidos corporales y de las experiencias asociadas pone de manifiesto la importancia de la sensación, la percepción y la cognición, así como la relación de estas con la memoria, la imaginación y las respuestas emocionales básicas.

Se tienen en consideración tanto las capacidades sensoriales primarias del ser humano como las perceptivas de orden superior, que incluyen habilidades de síntesis, y su modo de relacio-

---

[1]   Matthew R. McWhorter, Paul C. Vitz y Craig Steven Titus, capítulo 13, «Sensorial-perceptiva-cognitiva», en Vitz, Nordling y Titus (2021), *op. cit.*, vol. II, pp. 11-57.

narse con la cognición, la emoción y la voluntad. Estas percepciones de orden superior proporcionan un tipo de experiencia que suele conocerse como *sentido común*. Además, se entiende que este tipo de experiencia también se da en aquellos animales más desarrollados, para los que constituye una conciencia básica o animal.

Luego, en el capítulo se pasa a hablar de la capacidad memorística, imaginativa y evaluativa de los humanos. Esta última puede ser una emoción negativa, provocada al ver un animal peligroso, o una respuesta positiva, como la que se tiene ante la sonrisa de un cuidador. Algunas de nuestras capacidades se pueden entrenar y desarrollar estimulándolas, tanto para bien como para mal.

Este tema entra en diálogo con la neurociencia, la teoría psicológica y la práctica clínica. También se analiza cómo desarrollan las personas los sesgos cognitivos. En este capítulo, se aborda la dimensión sensorial, perceptiva y cognitiva del conocimiento humano dentro de un marco filosófico realista clásico integrado. Aunque la psicología y las neurociencias aportan información relevante para comprender las funciones cerebrales, estas fuentes se sitúan dentro del contexto más amplio del meta-modelo y su visión de la persona. Es sobre la base de la experiencia sensorial, perceptiva y cognitiva como la persona interactúa con el mundo real.

14

Emocional

En este capítulo, se consideran las capacidades emocionales de la persona desde una perspectiva filosófica cristiano
católica.[1] Como expresión de la unidad entre cuerpo y alma,
las emociones no solo se ven influidas por las cogniciones
sensoperceptivas y las capacidades intelectuales y lingüísticas
superiores, sino que estas, a su vez, influyen en dichos aspectos de la persona. Las emociones también desempeñan un papel destacado en la concepción que tiene la persona sobre ella
misma, las relaciones interpersonales, la conducta moral y la
vida espiritual. La emoción es la respuesta afectiva personal y
corporal a la realidad.

Dado el prominente papel que cumplen las emociones en la
consecución de una vida plena, comprenderlas es importante
para las disciplinas que tratan de entender a la persona, como
las ciencias psicológicas y sociales, la neurociencia, el derecho e
incluso la teología. Sin embargo, la palabra *emoción* no destacó
hasta los siglos XVIII y XIX; antes, las emociones hacían referencia

---

[1]   Christopher Gross, Craig Steven Titus, Paul C. Vitz y William J. Nordling, capítulo 14,
«Emocional», en Vitz, Nordling y Titus (2021), *op. cit.*, vol. II, pp. 59-90.

a las pasiones, los afectos o los sentimientos: así se describen en el Catecismo de la Iglesia católica.

La capacidad de la persona de experimentar emociones se distingue tanto de los actos de la emoción como de la disposición de esa capacidad. La concepción y el razonamiento de una persona sobre la verdad están determinados por las emociones. Las emociones también influyen en gran medida en la comprensión de uno mismo, las relaciones interpersonales y los actos morales. Nuestras emociones afectan a nuestra capacidad de expresar bondad a los demás, y muchas de ellas tienen un significado social y espiritual, como el miedo, la audacia y el deseo. La capacidad misma de experimentar emociones es inherentemente buena. Sin embargo, las expresiones o actos particulares de la emoción pueden ser buenos, neutros o malos. Con el tiempo y por medio de actos emocionales repetidos, las capacidades emocionales de la persona adquieren una disposición buena o mala, lo cual influye en las respuestas futuras.

El enfoque que hace el meta-modelo del papel de las emociones difiere de los enfoques reduccionistas, alguno de los cuales, como el de los estoicos, consideran las emociones negativas —por perturbar la tranquilidad del alma— y otros, como los epicúreos, elevan las emociones sobre la razón —la emoción es tanto la fuente de los juicios morales como nuestra motivación para actuar—. El meta-modelo, basado en diversas tradiciones, busca una visión más completa de las emociones y comienza por analizar la relación entre la emoción y las influencias de abajo arriba y de arriba abajo. Las de abajo arriba surgen de emociones innatas y de estímulos externos o internos. Las de arriba abajo se refieren a las emociones que surgen de nuestras concepciones o interpretaciones conscientes o intelectuales.

Esta dualidad significa que las emociones tienen una dimensión moral: los seres humanos pueden suscitar voluntariamente emociones buenas o malas desde el punto de vista moral. Incluso el amor puede ser malo, como cuando lo que se quiere es heroína o se ama de forma desordenada, por ejemplo en una relación adúltera. Aunque las emociones voluntarias pueden ser moralmente buenas o malas, una persona no es responsable del tipo de emoción que constituye un primer impulso y surge antes del consentimiento de la voluntad, pero sí de las emociones que elige de modo consciente.

La emotividad humana desempeña un papel más importante en los actos morales de lo que se creía. La virtud moral no solo implica una acción recta, sino también sentimientos rectos. Uno de los rasgos distintivos de la persona verdaderamente virtuosa es su disposición emocional adecuada. Los seres humanos, mediante las prácticas formativas y las elecciones, pueden desarrollar unas disposiciones emocionales estables orientadas a la verdadera prosperidad. Las virtudes cardinales desempeñan un papel clave: templanza y fortaleza (valor), paciencia, perseverancia, esperanza, castidad, humildad y mansedumbre.

Nuestras capacidades emocionales por lo general se forman, bien o mal, cuando somos jóvenes, pero de adultos podemos necesitar cambiarlas o reformularlas. Esto es sobre todo necesario en psicoterapia con emociones como el odio, la envidia, la ansiedad y la depresión. Las emociones, incluidas las relativas a los apetitos afectivos sensibles inferiores, como las drogas, la comida y el sexo, alteran profundamente el carácter de una persona; en consecuencia, puede ser necesario reconfigurarlas. Los descubrimientos más recientes de la neurociencia demuestran la importancia de la plasticidad cerebral: el pensamiento y la actividad pueden cambiar la estructura y la función del cerebro. Sin embargo, este cambio a veces resulta difícil. Al poner en diálogo la neurociencia y la teoría psicológica con la filosofía cristiana, en el capítulo se analizan también distintas formas de entender las emociones y denominarlas.

15

Racional

Este capítulo se centra en la premisa filosófica de que la persona es racional y busca conocerse a sí misma, a los demás, al mundo exterior y a Dios. En él, se asegura que el conocimiento humano tiene límites y que es el amor lo que lo completa. Los signos de la inteligencia y la racionalidad humanas se encuentran en el lenguaje sintáctico y las relatos interpersonales sobre el sentido de la vida, en las relaciones sociales polifacéticas y las transacciones económicas, en el uso de herramientas complejas y el desarrollo de la ciencia, la autoconciencia y la intencionalidad, en la conciencia y el libre albedrío, así como en la cultura y el arte.

En el capítulo, lo primero que se hace es investigar el deseo humano de conocer la verdad sobre la especie humana y el cosmos, en particular sobre el origen de la humanidad, su desarrollo y su final. En él, también se afirma que los seres humanos son falibles y adquieren conocimientos progresivamente, aprendiendo a menudo de los errores.

En un principio, nos comunicamos a través del lenguaje en narraciones, que son portadoras de significado y sentido personal e interpersonal. Cada persona vive su propia historia, pero cada una de estas historias está entrelazada con narraciones familiares. Las narraciones familiares incluyen relatos de amigos y enemigos, así como de viajes que nos llevan lejos de casa y que nos devuelven a ella. También existen narraciones cósmicas fundamentales, basadas en la fe, que transmiten el conocimiento de la fuente de la vida, su significado actual y su sentido último. Dentro de estas narraciones, están las básicas (filosóficas) y las técnicas (científicas), las cuales tienen gramáticas o maneras particulares de emplear la razón para alcanzar el conocimiento. Estas gramáticas del discurso incluyen métodos inductivos, deductivos y mixtos y aplicados.

A continuación, en el capítulo, se examina el contexto de la conciencia de uno mismo, determinada por influencias no conscientes: biológicas (de abajo arriba) y espirituales (de arriba abajo). El conocimiento personal se adquiere y se perfecciona a través de la experiencia, en la medida en que tratamos de aunar la cognición sensoperceptiva y el conocimiento intelectual de nosotros mismos y de los demás. Este proceso también depende de niveles no conscientes. La cognición sensoperceptiva y el intelecto se unen en el alma humana, por medio de la cual accedemos a las intuiciones sobre la verdad de la realidad y por medio de la cual, al razonar, organizamos el conocimiento. Además, en el discurso racional, los juicios éticos y las prácticas razonables se observan diversos tipos de cogniciones sensoperceptivas e intelectuales, a la luz tanto de la naturaleza como de la gracia.

Este capítulo también se centra en las formas en que las ciencias psicológicas y la reflexión filosófica contribuyen a explicar la inteligencia y la razón. La psicología se ha interesado mucho por la capacidad humana de razonamiento, como demuestran sus múltiples modos de medir la razón, entendida con el término *inteligencia*; así, se han creado muchas medidas o pruebas de inteligencia.

Además, la perspectiva filosófica cristiano católica de la unidad personal y una interpretación más amplia de la racionalidad y la libertad responsable confirman que nuestras capacidades intelectuales subyacen no solo a la búsqueda personal de la verdad, sino también a la búsqueda interpersonal de la realización, que solo es posible cuando se fundamenta en la vida familiar y el compromiso comunitario. La experiencia humana está llena de esfuerzos conscientes e inteligentes por comprender el sentido de la propia vida y del cosmos. En el núcleo de estas experiencias, aunque a veces no sean conscientes, está la inclinación por la existencia misma, la bondad, la verdad, la relación y la belleza. Todas ellas contribuyen a nuestra realización cotidiana y última. A menudo, buscamos estas propiedades trascendentales del ser por sí mismas, más que por su utilidad.

Como se recalca a lo largo del capítulo, los seres humanos tienen un deseo y una necesidad naturales de conocimiento del mundo, de otras personas y de sí mismos, así como necesidad de amor, intencionalidad y libertad. No preguntamos cosas: ¿De dónde venimos? ¿Adónde vamos? ¿Tiene la vida un propósito? ¿Tiene propósito y sentido mi vida? El afán por la ciencia cuantificable forma parte de este anhelo, pero también lo es el deseo de conocimiento cualitativo de otras personas, de empatía interpersonal y de autocomprensión. Este deseo natural de conocimiento sirve de caldo de cultivo para las virtudes intelectuales, morales y teologales relacionadas tanto con el conocimiento como con el amor. El deseo de saber nos ayuda a orientarnos sobre qué hacer éticamente y contribuye a que nuestra conciencia se forme un juicio.

En este capítulo, se analiza cómo afecta el impulso básico de conocimiento a la capacidad interpersonal de obrar. A continuación, se aborda la relación entre el conocimiento humano y la neurología. Los importantes descubrimientos que ha hecho recientemente la neurociencia —como la correlación entre la actividad de las áreas cerebrales y la experiencia humana— no deben entenderse de forma reduccionista. Tal tendencia atribuye por error a una parte del organismo (el cerebro) lo que solo puede atribuirse al todo (la persona). Además, las actividades neuronales por sí solas no explican la influencia de la gracia divina en dichas actividades.

El capítulo se ocupa de los tipos de conocimiento que ayudan a la realización humana: este conocimiento es más moral, más personal y, por lo general, más sencillo y más accesible que el mostrado por los especialistas. La búsqueda del conocimiento del yo puede entenderse desde el punto de vista psicológico (mediante las teorías del desarrollo), filosófico (mediante la metafísica, la epistemología y una ética basada en la ley natural) y teológico (mediante el análisis religioso de la ley divina y la revelación). Desde una perspectiva psicológica, hay varios enfoques para comprender el desarrollo del yo, los cuales tienen en cuenta la cognición, las influencias familiares y socioculturales, así como sus implicaciones en las emociones y el comportamiento.

Desde las perspectivas filosófica y teológica, la búsqueda del conocimiento del yo presenta cuatro dimensiones antropológicas: 1) Los seres humanos se conocen a sí mismos reconociendo su propia existencia, cognición y afectos. 2) El conocimiento de los demás conduce a una comprensión de uno mismo más profunda que la que se tiene en solitario, ya que somos sociales por naturaleza y vocación. 3) La experiencia de la realidad proporciona una base para el conocimiento intuitivo y el juicio metafísico sobre la existencia, la bondad, la verdad, la belleza y la fuente de todo ello, es decir, Dios. 4) La experiencia de la revelación divina aporta información más precisa sobre Dios, la vocación humana, la historia de la salvación, la ley moral natural y la ley divina.

El conocimiento y la racionalidad humanos (en el núcleo de la conciencia humana) son distintos de los de otros animales. Además, parte de nuestro conocimiento procede de la gracia: solo es posible mediante la experiencia de la fe. Cuando el pensamiento se cierra a lo trascendente, no puede satisfacer el anhelo humano de verdad y sentido. El deseo humano y el conocimiento de Dios son de gran importancia moral y clínica. Por ejemplo, la esperanza se convierte en performativa, haciendo que los creyentes vivan de forma diferente a quienes no tienen esperanza.

Hay que tener en cuenta que existen varios tipos de conocimiento: la creencia (fe) es uno de ellos; hay creencias cotidianas y religiosas. La creencia se trata como un tipo de conocimiento como asentimiento[1], que incluye tanto aquella cotidiana como religiosa. En el capítulo, se aborda el control racional y la pérdida de control, así como las virtudes y los vicios racionales. Cuando la humanidad se encuentra caída, adquirir las virtudes que nos permiten gobernar nuestras acciones usando la razón —virtudes como la sabiduría práctica, respaldada por la templanza y el autocontrol— requiere tiempo, esfuerzo, gracia y la ayuda de los demás. Guiado por la recta razón (pero no sin esfuerzo ni sin el apoyo de la voluntad y la emoción), el ser humano puede controlar directa e indirectamente sus pensamientos y actos. Como resultado de utilizar nuestra inteligencia para procurar reiteradamente la prosperidad (o al contrario, para procurar reiteradamente patrones de pensamiento y conducta que conducen a la decadencia), nos volvemos proclives a actuar bien (o a hacerlo de manera desordenada). Estos hábitos son las virtudes y los vicios racionales, y la práctica de las virtudes racionales conforma la conciencia de una persona.

Por último, el deseo de belleza (incluso en medio de la deformidad, la fragmentación y la oscuridad) se considera una revelación de la realidad y una llamada a contemplar la fuente última de integridad, armonía y resplandor. Ser racional permite a las personas experimentar la belleza de un modo profundo; de hecho, estamos hechos para la belleza y su búsqueda es una inclinación natural. La belleza, la luminosidad, la armonía y la integridad son cualidades de todo lo que existe, aunque estén ocultas a la vista.

---

[1] Nota de la traductora: *knowledge with assent* se refiere al taṣdīq en contraposición al taṣawwur (según diccionario Ferrater Mora).

Todas las personas se mueven por inclinaciones racionales para experimentar el conocimiento, la creencia, el autocontrol, la virtud, la vocación y la belleza de maneras que son verdaderamente humanas y particulares. En otras palabras, en este capítulo se abordan las dimensiones epistemológica, metafísica, ética y espiritual del ser humano.

16

Con voluntad y libre

Este capítulo se centra en la persona como un ser con voluntad y libre, así como con capacidad para la excelencia, lo cual se orienta al desarrollo del carácter moral y la madurez espiritual.[1] El epítome por excelencia de la libertad humana es el amor auténtico, que quiere el bien del otro.

La voluntad, en distintas disciplinas, se denomina *volición, libre albedrío, fuerza de voluntad, autocontrol, locus de control interno, autorregulación, motivación y función ejecutiva*. En psicología, se denomina autorregulación o fuerza de voluntad, es decir, la energía que emplean las personas para pasar a la acción. Gran parte de la psicología moderna ha negado el libre albedrío o lo ha ignorado; a lo largo del capítulo, el meta-modelo refuta de diversas maneras esta postura negacionista.

En el pensamiento cristiano católico, se entiende por voluntad la capacidad afectiva intelectual, que está estrechamente relacionada con la razón y las emociones. Se siente atraída por las cosas buenas y repelida por las malas y posee una dimensión trascendente —espiritual— no material.

---

[1]   Craig Steven Titus, William J. Nordling y Paul C. Vitz, capítulo 16, «Volitiva y libre», en Vitz, Nordling y Titus (2021), *op. cit.*, vol. II, pp. 167-245.

El libre albedrío no es lo mismo que la capacidad volitiva en sí. Más bien, este resulta del ejercicio conjunto de la razón y la voluntad de una persona. El libre albedrío es una parte muy importante de cualquier concepción de la persona. Sin embargo, los materialistas niegan que este exista o su importancia; de este modo, deshumanizan a la persona, así como las relaciones, y no reconocen la responsabilidad moral. Por su parte, los no materialistas admiten que, sin libre albedrío, la vida humana tal vez carezca de sentido; y el amor se basa en el libre albedrío.

En el capítulo, se expone un importante respaldo psicológico y filosófico a la creencia en el libre albedrío. La libertad implica tanto *libertad* de como *libertad para*. Los seres humanos buscamos liberarnos de aquellas cosas que nos inhiben, oprimen o coaccionan. En cierto sentido, se trata de una libertad negativa: libertad frente al daño. En el capítulo, se sostiene que los seres humanos, incluso cuando se ven influidos negativamente por otras personas, traumas y los efectos del pecado, siguen siendo en gran medida responsables de sus actos y su carácter moral. La *libertad* para es la de progresar: de desarrollar la capacidad de conocer la verdad y la realidad, de elegir el bien y evitar el mal.

La voluntad y libertad del acto moral puede analizarse más detalladamente como 1) desear algún bien, 2) proponerse un objetivo concreto, 3) aceptar la opción más viable, 4) elegir los mejores medios para conseguir el objetivo, 5) disponerse a aplicar los medios y 6) llevar a cabo el acto.

Realizar actos buenos y libres requiere apoyo interpersonal, que permite a las personas orientar positiva y moralmente sus cogniciones, afectos, amistades y compromisos conyugales mediante la práctica de virtudes como la justicia y el amor caritativo. El libre albedrío, como se ha señalado, implica responsabilidad moral humana. Hay tres fuentes de moralidad: la intención, la acción y las circunstancias. De hecho, la sociedad se basa en la convicción de que las personas, las familias y la sociedad deben desarrollar sus capacidades para ser responsables. Además, las personas están capacitadas para la creatividad y el autocontrol dentro de los límites de sus facultades volitivas o ejecutivas y de sus recursos interpersonales. La inteligencia y la voluntad son las principales fuentes de la creatividad, que puede utilizarse para bien o para mal.

Además de analizar los fundamentos filosóficos de la responsabilidad moral, como la inclinación de los seres humanos a desear el bien, este capítulo también se basa en la teoría psicológica sobre la naturaleza de la voluntad y la libertad. Además, en él se abordan los presupuestos teológicos relacionados, como la vocación universal de todas las personas a amar a Dios, al prójimo y a sí mismas, así como a cooperar libremente con la voluntad y la gracia de Dios para desarrollar una disposición hacia la verdadera libertad y el amor caritativo.

Por último, el capítulo se ocupa de las limitaciones de la libertad humana, como los problemas físicos y biológicos, los trastornos psicológicos y los condicionantes políticos y económicos, así como las debilidades humanas.

Respaldo teológico

17

Creada a imagen de Dios

Esta parte respalda las premisas específicamente teológicas o basadas en la fe del meta-modelo y algunas de sus aplicaciones a diversas disciplinas y a las ciencias.

¿Qué supone ser creada a imagen de Dios?[1] Desde una perspectiva cristiano católica, cada persona ha sido creada por Dios con amor y para el amor. Esta idea se basa en el relato de la creación en el Génesis. Dios indica que los seres humanos han sido creados «a su imagen y semejanza»: como seres relacionales. Dios afirmó que la humanidad debía cuidar la creación y sacar provecho de ella. Además, hizo varón y mujer para que la humanidad fuese fecunda a la hora de crear nueva vida y cuidar de su descendencia.

Este capítulo también se ocupa de los supuestos, fuentes y métodos basados en la fe que fundamentan el meta-modelo. En él, se explica que todos los seres humanos tienen una bondad y una dignidad comunes y que cada ser humano tiene una bondad y una dignidad únicas. A continuación, se muestra lo que impli-

---

[1] Graig Steven Titus, Paul, C. Vitz y William J .Nordling, capítulo 17, «Creada a imagen y semejanza de Dios», en Vitz, Nordling y Titus (2021), *op. cit.*, vol. II, pp. 249-295.

ca ser creado a imagen de Dios en lo que respecta a la igualdad y las diferencias entre hombres y mujeres. Esta interpretación de la dignidad y el valor humanos no se encuentra en las concepciones seculares de la persona hoy en día. Así, este capítulo y los siguientes son una referencia importante para los profesionales de la salud mental. Para la teología y para parte de la psicología contemporánea —como la teoría del apego, la terapia de pareja, la terapia del perdón y la psicología positiva—, el amor es lo primordial a la hora de comprender a la persona.

A continuación, el capítulo se centra en el don de ser creado a imagen de Dios como la base para comprender (1) la realidad y nuestra capacidad de conocer la realidad y de amar a Dios y al prójimo; (2) el origen de la dignidad humana básica y su alcance, como algo distinto del valor o la culpa adquiridos; (3) la diferenciación de los sexos; (4) el don del amor como fundamento de todo don y meta de la vida humana; (5) la fuente espiritual de la unidad de la persona y de su singularidad; (6) la relacionalidad interpersonal, la emulación activa de la llamada a la comunión; (7) los anhelos humanos y la ejemplaridad en el desarrollo del carácter moral y la plenitud espiritual, y (8) la naturaleza del orden divino y moral.

A modo de síntesis de algunos de los puntos anteriores, se pasa a desarrollar la visión cristiano católica de la persona. Por ejemplo, el hombre y la mujer son interpersonalmente relacionales por naturaleza. Poseen igual dignidad y bondad, así como una vocación común a la santidad. Asimismo, hombres y mujeres presentan diferencias no solo personales, sino también fisiológicas, psicológicas y espirituales. Más allá de estas diferencias, existe una complementariedad masculina y femenina que se da en las relaciones continuas del hombre y la mujer, como ser madre o padre. (En otras partes de este libro, se habla de las diferencias en las vocaciones de cada sexo).

No obstante, la persona no siempre se ha entendido como relacional en la teoría psicológica o en los enfoques filosóficos; por ejemplo, en la visión individualista moderna. Gran parte de la ciencia biológica temprana también llevó a centrarse exageradamente en el individuo a costa de su relacionalidad y participación en auténticas comunidades, como familia, amigos, sociedad e Iglesia.

En el capítulo, donde se recuerda el carácter interpersonal de Dios (evidenciado en el Antiguo Testamento mediante su relación con Adán y Eva, Abraham, los profetas, David y todo el pueblo de Israel), también se analiza cómo se desarrolla en las personas la naturaleza relacional de la imagen de Dios y cómo influyen la naturaleza y la gracia en los procesos de arriba abajo y de abajo arriba. Después, se pasa al origen de la dignidad humana y su alcance. Incluso tras la caída, los seres humanos conservan su dignidad básica, ya que nuestras faltas psicológicas, éticas y espirituales no anulan nuestro valor esencial. La dignidad sigue siendo la misma incluso cuando, siendo un embrión, una persona no es viable fuera del vientre materno, e incluso cuando, aquejado de demencia, un anciano no puede reconocer a su mujer ni conversar con ella. Otra manifestación de esta dignidad es la obligación de los cristianos de rezar por los demás, incluso por los muertos.

El estudio de la bondad y dignidad del ser humano, desde una visión cristiano católica de la persona, nos lleva a reconocer que no somos los creadores de nuestra propia naturaleza ni esta es fruto del azar. El ser humano no puede fundamentar su bondad y dignidad si no es a partir de un origen y un fin últimos. Esta visión de nuestro fin o propósito, como don de Dios, es primordial para el meta-modelo.

Por tanto, existen diferencias significativas entre la visión católica y la reduccionista sobre la creación y la dignidad humana. La pérdida de respeto por la dignidad personal básica es bastante evidente en la legislación que permite el aborto y el suicidio asistido por un médico.

El capítulo se centra en la libre elección de Dios de dar a los seres humanos los dones de la vida y el amor. Nosotros también elegimos entre entregarnos generosamente o servirnos a nosotros mismos, lo que en última instancia es narcisista e innoble. Dios se ha revelado como una comunión de personas que conocen y aman: el único Dios es al mismo tiempo una Trinidad. Nosotros tenemos comunión con Dios de un modo especial por medio de Jesucristo.

En el capítulo, se afirma que la humanidad está llamada a prosperar, a la bondad, a la santidad, a los actos de entrega y a la comunión con Dios y con los demás, lo cual solo es posible con la ayuda de la gracia divina y la participación de otras personas. Estas llamadas incluyen los estados vocacionales (matrimonio, soltería, consagración u ordenación), así como el trabajo, el servicio y el ocio significativo. La prosperidad humana está constituida por diversos tipos de comunión interpersonal; por ejemplo, conyugal, paternofilial y fraternal. En la prosperidad hay trascendencia tanto natural como divina. Se ofrecen ejemplos en el ámbito de la salud mental.

Por último, en el capítulo se abordan los tipos de supuestos que fundamentan la creencia en el orden divino y moral, además de recogerse las formas en que llegamos a conocerlos y a distinguir las maneras en que difieren.

18

Caída

El término *caída*, una metáfora conceptual, hace referencia principalmente a un cambio ontológico en la humanidad: la pérdida del estado original de amistad y justicia entre Dios y la humanidad. Esto confirma que existe un desorden de la mente y el corazón en relación con uno mismo, con otros e incluso con Dios.

En este capítulo, se abordan las siguientes cuestiones:[1] ¿Qué diferencia supone el discurso cristiano católico sobre la caída del estado de gracia original y amistad con Dios a la hora de comprender las continuas luchas de la persona entre la realización y la decadencia? ¿De qué manera las personas, debido a la naturaleza humana caída y a sus limitaciones, manifiestan una necesidad tanto de esfuerzo como de gracia para hacer el bien? ¿Por qué el estado caído requiere que las personas comprendan sus inclinaciones desordenadas? Y esta es la pregunta más básica: ¿Qué diferencia supondría que la influencia negativa del pecado, el mal y el desorden en la persona fueran ontológicamente más esenciales que la bondad, la justicia y la redención?

---

[1]   Craig Steven Titus, Matthew R. McWhorter y Chistopher Gross, capítulo 18, «Caída», en Vitz, Nordling y Titus (2021), *op. cit.*, vol. II, pp. 297-378.

Uno de los hechos mejor acreditados es que los seres humanos son débiles, están heridos e influenciados por el pecado. La oscuridad de la naturaleza humana —genocidio, asesinos en serie, aborto, actos terroristas, tráfico sexual, etc.— se reconoce teológicamente como resultado del pecado. También hay pecado y mal cotidianos en la adicción, la violencia doméstica, la intimidación, el adulterio y la mentira, así como numerosas consecuencias de estados psicológicos como la envidia, la codicia, la lujuria, el tan común egoísmo y la rabia.

En este capítulo, se analiza lo que es la caída, así como las explicaciones habituales del mal: (1) Los nihilistas y los ateos suelen ver el mal como la base existencial de la realidad. (2) Algunos monistas y panteístas lo ven como una ilusión. (3) Los dualistas del bien y del mal ven el mal como un coprincipio fundamental que se opone al bien; por tanto, hay dos fuerzas iguales en la existencia: el bien y el mal. (4) Las religiones judía, católica y ortodoxa consideran el mal la pérdida de la bondad original de la creación: el orgullo y la desobediencia fueron su causa.

En este capítulo, se aborda la interpretación del comportamiento malvado y la caída en un cuidadoso estudio de la decadencia y sufrimiento humanos. Se analiza cómo ilustra la Biblia la gracia divina, el pecado original y la caída. A continuación, se trata la manera que tiene el cristianismo de entender la caída y el pecado original, así como los resultados de ello.

Las ciencias biopsicosociales se interesan por la debilidad y el sufrimiento humanos. Se sirven de los conceptos de *disfunción, anormalidad, trastorno* y *enfermedad* para evaluar a los individuos y diagnosticarlos. Por ejemplo, los profesionales de la salud mental se centran en el sufrimiento y la problemática relacionados con el apego inseguro, las creencias irracionales, la ansiedad, la depresión, el narcisismo y similares. Estos abordajes diagnósticos basan sus planteamientos en la neurociencia y en fundamentos empíricos. Dentro del meta-modelo, existe una gran variedad de evaluaciones posibles y este sirve para integrar los descubrimientos de las teorías y prácticas modernas, determinar sus imitaciones, incorporar aportaciones que compensen dichas limitaciones y aportar enfoques innovadores.

El meta-modelo permite establecer un diálogo con distintas disciplinas sobre la realidad de la caída de la persona. Por ejemplo, algunas teorías de la salud mental proporcionan información útil sobre el desarrollo de los trastornos compulsivos, la depresión, la ansiedad, la adicción y otros trastornos.

El modelo ayuda a identificar lo que falta en algunos de los planteamientos modernos; por ejemplo, señala que no hay un marco moral sistemático coherente. Dado que muchas teorías psicológicas contemporáneas ignoran la existencia del mal, pasan por alto recursos que pueden ayudar a sanar, como el perdón y la reconciliación, así como la oración y los sacramentos. En el capítulo, se examinan las causas del sufrimiento humano y la cuestión del sentido del sufrimiento. También se aborda el significado del pecado y los tipos que hay, así como sus consecuencias: hay pecados sociales y pecados personales, pecados que dividen a hermanos y hermanas, familias, clases sociales y etnias. A continuación, el capítulo se ocupa de la compleja relación entre pecado y libertad, junto con el modo en que el pecado se relaciona con el libre albedrío; después, del papel que cumple el vicio en el pecado.

Más adelante, en el capítulo se aborda el hecho de que la bondad es primordial, mientras que la maldad no lo es. Asimismo, se analiza la naturaleza de la culpa, tanto en su dimensión objetiva como subjetiva. Los seres humanos sufren con el mal físico y moral, incluido el demoniaco; puede resultar difícil distinguir entre la intervención demoniaca y la enfermedad psiquiátrica.

Este capítulo sobre la visión cristiano católica de la persona quizá sea el más importante de todos por la perspectiva que nos proporciona de la condición humana. En él, se analiza la naturaleza de la culpa, tanto en su dimensión objetiva como subjetiva. Se reconoce (1) que el bien de la naturaleza humana no se ve disminuido por el pecado, ya que se conservan la dignidad humana básica y la inclinación natural a la virtud; (2) que el bien de la naturaleza humana ve reducida su capacidad de alcanzar su fin debido a los muchos obstáculos que el pecado original, personal y social ponen en su camino, y (3) que la justicia original, esa bendita relación entre Dios y los primeros seres humanos, se pierde por el pecado original.

Es de gran importancia terapéutica que se reconozca que cada persona es fundamentalmente buena, valiosa y tiene dignidad. Que hayamos sido creados a imagen de Dios es un don que nos hace conservar la bondad incluso en medio de nuestros graves desórdenes y de la necesidad de la gracia para la sanación y el desarrollo espirituales. Tanto el profesional clínico como el paciente estarán más sanos espiritual y psicológicamente si buscan el perdón de Dios y del prójimo y perdonan de buen grado a quienes los ofenden.

19

Redimida

El sufrimiento, la depresión y la ansiedad requieren una importante atención a dos niveles: el natural y el trascendente. Para comprender estas áreas, es necesaria la contribución de las ciencias y las profesiones relacionadas con la salud mental, así como de la filosofía y la teología. Desde ambas perspectivas, la natural-existencial y la trascendente —basada en la sabiduría—, estas disciplinas se plantean: ¿tiene significado el sufrimiento humano? En el ámbito natural, el sufrimiento solo tiene valor cuando la persona lo vence, se hace más fuerte y sabia; el aprendizaje consiste en superar los fracasos, que siempre implican algún tipo de sufrimiento. El meta-modelo reconoce que tanto las experiencias naturales como las de trascendencia religiosa de las personas contribuyen a su sanación cuando estas se hallan sobrepasadas por la angustia, el desorden y la desesperación.[1]

Debajo de las emociones, pensamientos, comportamientos y relaciones disfuncionales, existen inclinaciones naturales en función de las cuales cada persona anhela lograr la paz personal y la

---

[1]   Matthew R. McWhorter y Craig Steven Titus, capítulo 19, «Redimida», en Vitz, Nordling y Titus (2021), *op. cit.*, vol. II, pp. 379-436.

comunión positiva con los demás. Debido a la debilidad y a los trastornos de estas capacidades en el ámbito natural, se requiere tanto un sanador natural como un mediador y sanador trascendente. No obstante, como es obvio, cuando se trata de pacientes no religiosos o no cristianos, la cuestión de la redención sobrenatural no es un tema que saque a relucir el profesional. El respeto al paciente exige que no se imponga, ni siquiera implícitamente, una cuestión de valores de este tipo mediante el poder del terapeuta.

Por supuesto, los analistas seculares del origen, la condición y el destino de la persona no hablan de la redención trascendente ni de su repercusión en la naturaleza humana y la psicopatología. Sin embargo, una persona puede desear de manera natural la libertad definitiva o que la rediman de aquellas cosas que la agobian o separan de sus seres queridos, sobre todo del amor de Dios. (Véase la tabla 2 al final del capítulo para comparar la interpretación secular con la presentación de la condición humana del meta-modelo).

¿Qué es la redención trascendente? En el núcleo de la doctrina cristiano católica de la redención está el misterio de cómo Dios hace brotar la vida de la muerte y un orden de amor del desorden del orgullo. Al hacerlo, logra que los pecados queden perdonados por medio del sacrificio que supone la entrega total de sí mismo, ofrece la libertad de convertirse en sus hijos a quienes están atrapados en la esclavitud del pecado. Incluso en medio del sufrimiento y de los efectos del pecado, los seres humanos perciben la vida eterna que hay fuera de su alcance.

En este capítulo, se analiza el significado de la oferta de redención de Cristo, así como el de la expiación de los pecados. La muerte de Cristo puede entenderse como un sacrificio para el que él mismo se ofrece voluntario con el objetivo de acabar con la pecaminosidad humana y sus efectos. La obra de redención trascendente de Cristo se denomina *expiación*: mediante su sacrificio, sirve de sustituto de la humanidad para exonerar a esta ante la justicia de Dios. Cristo asume nuestra condición humana caída en su sufrimiento y muerte. Tal perdón es necesario para que la persona pueda ser restaurada al más alto nivel de prosperidad. En Cristo, la muerte y el sufrimiento se transforman, convirtiéndose en puertas a la vida eterna. La muerte corporal es solo la última palabra en la historia terrenal de cada uno.

La redención otorga una nueva dignidad a la persona. Aparte de la dignidad de ser creados a imagen de Dios y de la bondad natural de la existencia, Dios Padre concede otra dignidad a la naturaleza humana al asumir Cristo un cuerpo y un alma en su Persona divina por medio de la encarnación. Cristo hace que el ser humano se vea a sí mismo revelado plenamente y le deja clara su vocación suprema. Esta dignidad añadida se extiende a todas las personas que aceptan la oferta divina de la redención trascendente.

Ahora, nos centraremos en los ámbitos natural y trascendente del deseo de ver a Dios y de alcanzar la realización última y la visión beatífica. Por naturaleza, deseamos ver a Dios. Se puede afirmar que las personas experimentan una atracción natural hacia la fuente y objetivo de toda vida, así como hacia una realidad que trasciende su experiencia cotidiana. Por tanto, la inclinación básica a buscar a Dios a menudo está implícita, como cuando se siente un deseo espontáneo de buscar lo que es bueno. Además, este deseo está implícito en el abatimiento existencial que uno siente cuando se aleja de Dios y de los demás.

Al mismo tiempo, este deseo natural de Dios no se extiende a la búsqueda de la bienaventuranza sobrenatural en el sentido de glorificación que resulta de la visión directa de la esencia de Dios. Más aún, este deseo natural es limitado y necesita desarrollo para que cada persona lo realice de manera única. Esto da lugar a la cuestión de la naturaleza y la gracia, así como de la importancia de la gracia para los profesionales de la salud mental. Cuando se trata a un paciente cristiano católico, resulta importante discernir cómo entiende este la presencia de Dios en su vida, si reconoce la existencia de la gracia de Dios y si cree que la fe religiosa le serviría como apoyo para alcanzar los objetivos terapéuticos. En el caso del paciente que no es cristiano, es importante discernir si aquel de buena voluntad se esfuerza por vivir una vida moral orientada a la verdad y a la realización, tanto en sus dimensiones naturales como trascendentales.

El meta-modelo entiende la gracia como un don gratuito otorgado por Dios que ayuda a las personas en su lucha contra la condición caída de la naturaleza humana. La gracia no borra todos los efectos de la caída; la obra de santificación del Espíritu es continua y, para entender debidamente la naturaleza humana, se requiere atender tanto a su condición herida como a la gracia de Dios que sana esta condición. El meta-modelo afirma que la gracia nos lleva a lo que está por encima de la naturaleza humana, pero que también funciona de acuerdo con la naturaleza. La gracia ayuda a la persona a experimentar plenamente lo que no podría hacer de otra manera, lo que es sobrenatural. A través de la gracia, la persona experimenta lo que trasciende sus límites de su naturaleza; por ejemplo, la contemplación de Dios en la visión beatífica.

Después, se pasa a los efectos de la justificación. La justificación se refiere a la forma en que Dios corrige la relación de una persona con Él. Dios justifica la naturaleza humana y perdona los pecados de la persona. La justificación constituye un don de Dios, quien, a la vez, llama a la persona a cooperar en esta justificación por medio de la fe. Cómo confiere justificación la gracia puede entenderse de dos maneras. En primer lugar, se encuentra la gracia de la obra de Dios en sí misma (gracia operante, cuando Dios afecta inmediatamente al corazón humano). En segundo lugar, se encuentra la gracia que mueve a la voluntad humana a responder libremente a la obra de Dios (gracia cooperante). Aunque la justificación sea instantánea, Dios no justifica a una persona sin su libre consentimiento y participación.

En Cristo, Dios no solo restaura, sino que también eleva o diviniza la naturaleza humana. La gracia de Dios a este respecto se llama *gracia santificante* o *deificante*. Los pacientes que se encuentra un terapeuta se hallan en distintos niveles de desarrollo espiritual, por lo que este querrá analizar el interés y la participación del paciente cristiano en la vida espiritual.

Con la obra justificadora de Dios, se infunde en la persona las semillas de las virtudes teologales (disposiciones estables para actuar de modo que se ejemplifiquen la fe, la esperanza y la caridad). Por su origen y fin divinos, las virtudes infusas trascienden las humanas (tanto intelectuales como morales), las cuales, en principio, pueden adquirirse con el esfuerzo personal. La gracia santificante o divinizadora también dota a la persona de la semilla de la virtud moral cristiana: la prudencia, la justicia, la templanza y la fortaleza infusas. Aunque las virtudes infusas garantizan los actos necesarios para la salvación, en especial la fe, no aseguran que uno se convierta, por ejemplo, en un contable bueno y prudente, lo que requeriría adquirir conocimientos y formarse. Otra diferencia entre virtudes infusas y adquiridas es que un acto de pecado grave puede acabar de inmediato con la virtud moral infusa (como cuando uno rechaza la gracia de Dios, que es el fundamento de este tipo de virtud trascendente), pero un pecado grave no anula al instante la virtud moral adquirida (como cuando uno decide emborracharse y poner en peligro su propia vida y la de los demás).

La obra justificadora de Dios influye decisivamente en las virtudes adquiridas. Estas virtudes adquiridas son redimidas, por así decirlo, mediante la obra justificadora de Dios: la virtud adquirida se *recoge* dentro de su contrapartida cristiana infusa, del mismo modo que la naturaleza humana se eleva por la gracia divina y la razón humana se recoge dentro de la fe teologal. El capítulo trata también de los dones del Espíritu Santo: sabiduría, inteligencia, ciencia, consejo, fortaleza, piedad y temor reverencial de Dios.

El psicólogo, el consejero y el profesional clínico deben interesarse por el acto personal de fe en sí mismo y por el modo en que la disposición de fe influye en el paciente, pues siempre se encuentra cierto tipo de fe religiosa en la base de su visión del mundo y su sistema de valores. Las personas no cristianas y aquellas de buena voluntad también pueden tratar de discernir lo que es verdadero y bueno, confiando en que la vida tiene sentido. Además, a los profesionales de la salud mental les resultará útil adquirir competencias para entender cómo hablar de fe religiosa con un paciente. También se beneficiarán de integrar de un modo implícito la fe religiosa como apoyo terapéutico, o explícitamente cuando el paciente así lo desee.

La esperanza es de gran interés para los profesionales de la salud mental; es uno de los factores más frecuentes en la investigación psicológica y sociológica sobre la superación de dificultades y también es un elemento importante para que la terapia tenga éxito. Por ejemplo, es una de las cuatro variables terapéuticas que intervienen en la sanación en el abordaje terapéutico. También se hace hincapié expresamente en la esperanza en determinadas modalidades terapéuticas, como la psicoterapia matrimonial y el *counseling* centrados en la esperanza.

La esperanza es la razón y el deseo juntos, aquello que nos empuja a buscar objetivos que merezcan la pena, difíciles de obtener y que requieren un gran esfuerzo. Existen al menos cuatro maneras de considerar la esperanza: como una emoción, un temperamento, una virtud natural y una virtud teológica. El elemento común que subyace a todos estos tipos de esperanza es la dificultad que supone lograr algún bien real. No obstante, no es la dificultad en sí misma lo que nos da esperanza, sino que también hemos de tener confianza en nuestros propios recursos, así como en la ayuda de otros. La esperanza debe considerarse una de las emociones fundamentales, aunque no es igual que el optimismo en líneas generales. Ser optimista o positivo se considera un rasgo del temperamento.

Además de la emoción y el rasgo de temperamento, también existe la virtud natural de la esperanza, que implica la estructura racional, motivacional y relacional de la persona íntegra, capaz de aspirar conscientemente a un bien difícil. La esperanza contribuye a que se busquen esos bienes difíciles y también a que se realicen actos virtuosos.

Un cuarto tipo de esperanza es la propiamente trascendente, que difiere de otras clases descritas anteriormente tanto por su origen como por su modo de desarrollo y objetivos, todos los cuales, como es natural, están relacionados con Dios. En el contexto de la esperanza cristiana, esta aporta a la vida humana un nuevo alcance y significado: la creencia de que el pecado, la muerte y el desorden quedaron definitivamente superados por la redención de Jesús, una buena noticia transformadora que otorga una esperanza que salva. A la luz de esto, el sufrimiento y las dificultades se convierten en oportunidades de crecer en la virtud y, gracias a esta nueva esperanza última, los cristianos están llamados a ponerse al servicio de los demás con justicia mediante obras de caridad.

Después, se pasa al tema del amor. Como en el caso de la esperanza, la complejidad del fenómeno exige distinciones y una terminología precisa. La Sagrada Escritura es clara y específica sobre la caridad-amor: «El amor tiene paciencia y es bondadoso. El amor no es celoso. El amor no es ostentoso, ni se hace arrogante. No es indecoroso, ni busca lo suyo propio. No se irrita, ni lleva cuentas del mal. No se goza de la injusticia, sino que se regocija con la verdad. Todo lo sufre, todo lo cree, todo lo espera, todo lo soporta» (1 Co 13, 4-7).

Los pacientes suelen percibir estas cualidades como terapéuticas cuando los profesionales de la salud mental, sean cristianos o no, las poseen y las expresan; son lo que facilita el desarrollo de la alianza terapéutica y su mantenimiento. La práctica de este tipo de amor caritativo también beneficia al profesional de la salud; por ejemplo, la paciencia ayuda a prevenir su agotamiento, al reducir su deseo ansioso de que los pacientes cambien deprisa. El amor por el paciente aporta un gran significado positivo y sentido al trabajo clínico; hace que los profesionales acepten a sus pacientes con su diversidad y, por lo tanto, que reduzcan en gran medida las luchas de poder y la arrogancia.

En el capítulo, se abordan las variedades del amor, centrándose en el amor cristiano o caridad y la abnegación. El mandamiento del amor, que exhorta a entregarse a los demás, lleva a cada persona a cierto grado de sacrificio en sus vocaciones. No obstante, la idea cristiana de abnegación no desprecia a la persona, sino que la auténtica caridad cristiana implica quererse a uno mismo y al propio cuerpo. La verdadera caridad impondrá a cada persona que se cuide para tener una vida sana y próspera.

Por último, el capítulo se centra en la oración y los sacramentos. Se analiza el apoyo que ofrecen la oración, la participación en los sacramentos y la dirección espiritual en el proceso terapéutico.

Tabla 19.1. Representación jerárquica de las once premisas del meta-modelo cristiano católico de la persona. (Es una representación simplificada de la estructura básica de las premisas del meta-modelo. En ella, el orden difiere ligeramente del indicado en los capítulos anteriores. Aquí, la virtud y la vocación se han colocado en las posiciones más altas, 10 y 11)

11. Vocaciones	Objetivo vida personal, estado vital, trabajo
10. Virtudes naturales	Fortalezas de carácter
9. Voluntad	Cierta libertad
8. Razón	Conciencia humana, lenguaje
7. Sensación/percepción/cognición	Innatas, algunas aprendidas
6. Emoción	Innatas, algunas voluntarias
5. Interpersonalidad	Importante a lo largo de la vida
4. Unidad alma y cuerpo	Holística

1. Creación por Dios. Básicamente buena	2. Caída (orgullo, envidia). Odio, ansiedad, depresión	3. Redención por Jesucristo. Auténtica realización

Tabla 19.2. Una interpretación secular de las tres premisas teológicas del meta-modelo

1. Creada por Dios	2. Caída	3. Redimida por Jesucristo
1. Simplemente existe, al azar, junto con la evolución, materialismo	2. Tendencia a la enfermedad, ansiedad, depresión, narcisismo, envidia, etc.	3. Redimida por sí misma, realización personal, nueva historia de vida, virtudes naturales

PARTE V

Aplicaciones teóricas y clínicas del meta-modelo

20

Principios para formar profesionales de la salud mental cristiano católicos

El uso del meta-modelo cristiano católico de la persona tiene una serie de implicaciones a la hora de desarrollar programas de formación de profesionales de la salud mental.[1] El objetivo de un programa de formación basado en el meta-modelo es ayudar a los estudiantes a ver tanto al profesional de la salud mental como al paciente como parte de una visión cristiano católica de la persona, poniendo especial atención al contexto vocacional de cada uno, algo que rara vez sucede en la formación de posgrado.

Las metas, los objetivos y las prácticas formativas del plan de estudios del programa de formación tendrán que ampliarse más allá de los utilizados en los sistemas de formación secular; sobre todo, se trata de un proceso acumulativo. Los criterios de reconocimiento existentes se mantendrán, desde luego, pues el meta-modelo no supone una reducción de los requisitos existentes, sino la introducción de otros. Además, el meta-modelo incorpora normas de buenas prácticas, leyes nacionales y acreditaciones profesionales, y se basa en ellas. Estas normas exigen una

[1] William J. Nordling, Harvey Payne y Craig Steven Titus, capítulo 20, «Principios para la formación», en Vitz, Nordling y Titus (2021), *op. cit.*, vol. II, pp. 439-476.

formación rigurosa en áreas como las ciencias psicológicas (por ejemplo, desarrollo humano, estadística y diseño de investigaciones), *counseling* o psicoterapia, ética y competencia multicultural. La formación en el meta-modelo se describe con nueve objetivos o metas, como se indica a continuación.

1. El meta-modelo requiere una base sólida del concepto de persona. Esto implica formación teológica y filosófica, formación científica, teórica y clínica y conceptualización de casos.

2. El segundo objetivo de un programa de formación fundamentado en el meta-modelo es que los estudiantes (y el profesorado) obtengan una visión positiva integral de la persona y de su entorno social. A través de este proceso, los estudiantes empiezan a comprender su bondad y dignidad innatas, así como las de sus pacientes. Adquieren conocimientos sobre la naturaleza de la verdadera libertad, la importancia de los valores y las virtudes y la relevancia de las vocaciones para alcanzar la auténtica realización. Una visión tan positiva de la vida y la prosperidad solo puede entenderse parcialmente, incluso en los mejores modelos de terapia y *counseling* existentes.

3. El programa de formación debe ayudar a sus estudiantes a comprender la importancia de las vocaciones para los pacientes, así como para su propia vida como terapeutas. Un programa de formación basado en el meta-modelo ha de enseñar las características específicas, las responsabilidades y los métodos de desarrollo de cada vocación. Por ejemplo, dado que el matrimonio es la vocación más común, es importante que el programa incluya las enseñanzas de la Iglesia sobre la naturaleza del matrimonio y la vida familiar, utilizando para ello las fuentes pertinentes de las Escrituras

y la tradición. El programa también debe integrar esta perspectiva por medio de experiencias clínicas.

4. El programa de formación debe incluir también la enseñanza y el análisis de los supuestos filosóficos y teológicos de la visión católica de la persona, el matrimonio, la familia y la sociedad.

5. Debe presentar las implicaciones del meta-modelo para la práctica ética. Los estudiantes necesitan comprender las dimensiones éticas de las visiones del mundo y los sistemas de valores que influyen en la teoría, la investigación y la práctica de las profesiones de la salud mental. El meta-modelo deja clara la relación entre la ética profesional y los principios éticos cristianos. Este tipo de programa forma a los estudiantes para que eviten las teorías y prácticas reduccionistas que son incoherentes con los principios éticos cristianos, además de fomentar la formación psicológica, espiritual y moral del terapeuta.

6. Un programa de formación de este tipo ha de tener en cuenta la posibilidad de trabajar con personas cristianas que no son católicas, de otras religiones y no creyentes.

7. Un programa de formación basado en el meta-modelo ha de incluir análisis sobre las teorías y prácticas existentes que son coherentes con el meta-modelo. Aquí se destacan principios y conceptos como dignidad, realización, perdón, vocación y responsabilidad, que pueden aplicarse al trabajar con pacientes que tengan diferentes visiones del mundo y sistemas de valores. Si la comunicación es directa, eficaz y oportuna, estos principios sirven de instrumentos para comprenderse a uno mismo y aumentar la motivación en la terapia.

8. El programa de formación debe promover la experiencia en áreas de especial interés para la Iglesia católica, como la realización de evaluaciones vocacionales y la atención a la salud mental, con el objetivo de ofrecer así apoyo a los miembros ordenados, religiosos y consagrados de la Iglesia, con sus vocaciones únicas.

9. Los estudiantes, el profesorado y el personal del programa deben ser seleccionados y formados de manera que haya una visión coherente de la persona en todos los niveles del programa de formación y de la institución.

21

Conceptualización de casos

En las dos últimas décadas se ha escrito mucho sobre la utilidad clínica de la conceptualización de casos. Varios autores han hecho hincapié en el uso de enfoques de base amplia para la conceptualización de casos que son aplicables a través de orientaciones teóricas. Otros autores han utilizado la conceptualización de casos con orientaciones teóricas específicas, como la terapia psicodinámica, la terapia cognitiva y otras teorías. Algunos han destacado el uso de la conceptualización de casos basada en trastornos de salud mental o poblaciones de tratamiento específicos.

Comenzamos con representaciones más pequeñas o muy específicas del paciente con el concepto de *formulación de caso*, que se utiliza para denotar la forma en que se entienden los problemas que presenta el paciente y su modo de contarlos.[1] El término *conceptualización* de caso se utilizará de forma general para abarcar la formulación del caso, el diagnóstico, la planificación del tratamiento y todo lo que esto entraña.

---

[1]   Su Li Lee y William J. Nordling, capítulo 21, «Conceptualización de casos: El metamodelo cristiano católico de la persona como marco», en Vitz, Nordling y Titus (2021), *op. cit.*, vol. II, pp. 477-519.

Históricamente, la formulación de un caso ha consistido en un proceso mediante el cual la historia del paciente se entiende según una teoría psicológica determinada, con todos sus postulados. Estos postulados pueden proporcionar una comprensión global de la persona dentro de un sistema organizativo dirigido a la conceptualización de cada caso; este sistema podría considerarse una especie de filtro a través del cual se criban los datos del paciente, se organizan y se reúnen para formarse una imagen de él. Por ejemplo, una formulación estrictamente conductual de una persona que siempre se retrasa puede plasmarse en una visión más o menos estática que enmarque la tardanza en el contexto de los antecedentes y las consecuencias. Es decir, el paciente se ha acostumbrado a una conducta que lo empuja a tratar siempre de terminar demasiadas tareas, con independencia del tiempo que le quede (esto es tanto un antecedente de la tardanza como una consecuencia, en la medida en que el paciente siente satisfacción al pensar que puede lograr una larga lista de cosas en poco tiempo) y siempre se le han perdonado los retrasos a las citas (la consecuencia) hasta el momento.

Otro filtro que se puede aplicar a este mismo paciente es el enfoque psicodinámico, lo que permite obtener una imagen más dinámica. Un filtro que se utiliza con frecuencia en la formulación de casos, denominado *modelo médico*, se ejemplifica más claramente con la categorización de los problemas presentados y el modo de contarlos en grupos de síntomas, como ocurre en el *DSM-5*.

El uso habitual de una orientación teórica preferida es una heurística que permite adentrarse en el mundo de los pacientes y sus problemas y comprenderlos más rápidamente, pero a costa de pasar por alto con frecuencia otras áreas de igual importancia que este método no contempla en un principio (si es que llega a hacerlo). Para corregirlo, muchos clínicos han optado por utilizar más de un modelo explicativo en la formulación de casos.

La formulación de casos, si bien es útil para comprender al paciente, puede ampliarse aún más en lo que se ha denominado *conceptualización de casos*. Algunos expertos han definido recientemente la conceptualización de casos como «un método y una estrategia clínica para obtener y organizar información sobre un paciente, comprender su situación y sus patrones inadaptados, orientar y centrar el tratamiento, anticiparse a los métodos y los obstáculos y prepararse para el éxito»,[2] lo que amplía el concepto de *formulación de caso a conceptualización de caso*.

La conceptualización de casos es una habilidad clínica esencial que incluye varias actividades clínicas relacionadas: diagnóstico, formulación de casos y planificación del tratamiento. Estas actividades dependen de la información recogida en el proceso de admisión y en las evaluaciones complementarias, así como de la información obtenida en el proceso terapéutico en curso. El diagnóstico responde a la pregunta «¿Cuál es el problema del paciente?». La formulación de cada caso debe responder a la pregunta «¿Por qué se desarrolló este problema?». Por último, la planificación del tratamiento debe responder a la pregunta «¿Qué podemos hacer para ayudar a resolver el problema?».

El meta-modelo cristiano católico de la persona constituye un marco integral en sí mismo que permite entender a la persona. En un sentido importante, el modelo, junto con la inclusión de información psicológica específica, constituye un ejemplo de conceptualización de caso. Se trata de un marco que incorpora una amplia gama de teorías existentes en el campo, al tiempo que evita el reduccionismo, el relativismo, el determinismo y la estrechez de miras frecuentemente asociada a estas teorías.

En el capítulo, se presenta un breve análisis de caso para ilustrar cómo contribuye el modelo a una conceptualización de caso más completa. El caso:

Un hombre y su mujer acuden a una entrevista inicial con un terapeuta para hablar de los problemas que está experimentando

---

[2]   Sperry, L. y Sperry, J. (2012). *Case conceptualization: Mastering this competency with ease and confidence*. Nueva York: Routledge.

su hijo en el colegio. Tras realizar una formulación de caso tradicional, con sus medidas psicológicas y su interpretación teórica, el terapeuta pide a la pareja que comparta sus preocupaciones sobre su hijo y la evolución del problema. A continuación, solicita a los padres que le describan su manera de criar a su hijo y la relación que mantienen con él, con lo que se pone de manifiesto que los padres tienen visiones muy diferentes de la crianza, lo que provoca tensiones entre ellos. El hijo también explica cómo se siente en la relación con sus padres. En la estructuración del caso, el clínico recurriría a diferentes teorías relacionales, como la teoría de los sistemas familiares, la teoría de la comunicación marital y la teoría del apego. A continuación, el profesional realiza un diagnóstico más amplio guiado por el meta-modelo. Les pide a los padres que indiquen qué cualidades positivas y puntos fuertes (las virtudes) ven en su hijo. El meta-modelo no es un modelo de la persona basado en el déficit o la enfermedad, sino que es importante que se reconozcan los puntos fuertes del paciente.

También se pide a la pareja que hable de su matrimonio: aquello de lo que están contentos y lo que desearían que fuera diferente. Por tanto, se hace mucho énfasis en las vocaciones de los pacientes. Además, se pregunta a la pareja sobre sus vínculos con la religión o con una tradición basada en la fe. El terapeuta, con tacto y sensibilidad, debe analizar esta dimensión de la vida de sus pacientes.

Dado que el meta-modelo requiere que se examinen muchas dimensiones de la persona, sirve para evitar que el profesional se vea demasiado condicionado por una única teoría o modelo terapéutico, ya que el problema de este niño podría ser un simple caso de ansiedad por separación. Al evitar tal reduccionismo, el profesional clínico es más capaz de hacer justicia a los pacientes, al considerar todo el abanico de dificultades que deben abordarse y ofrecerles un plan de tratamiento más completo para ayudarlos a resolver sus problemas y alcanzar su desarrollo.

22

Psicoterapia de grupo

En palabras de los autores, «la psicoterapia de grupo es un como un acto dramático que se vive».[1] Su propósito es comprometer a sus miembros de tal manera que sean capaces de analizarse a sí mismos y comunicarse interpersonalmente de un modo que marque una diferencia positiva en su vida. No obstante, al igual que sucede en el drama en las grandes novelas u obras de teatro o cine, la forma en que nos involucramos en las experiencias humanas y las asumimos está determinada por nuestra visión del mundo. Esto es aplicable tanto a los terapeutas de grupo como a los asistentes a la terapia.

El capítulo se centra en cómo influye la visión cristiana de la persona en la psicoterapia de grupo. Esto es muy necesario, pues la psicoterapia de grupo tiene una trayectoria de sesenta años y es muy popular. En el capítulo, se repasan los agentes de cambio en la terapia de grupo tal y como suelen concebirse basándose en la obra de Irving Yalom y, luego, se recurre al meta-modelo y a otros enfoques cristianos para proporcionar un marco que permita reconceptualizar los agentes de cambio.

---

[1]   Philip Scrofani y Margaret Laracy, capítulo 22, «Factores curativos de la psicoterapia de grupo», en Vitz, Nordling y Titus (2021), *op. cit.*, vol. II, pp. 521-569.

La eficacia general de la psicoterapia de grupo, en comparación con otras formas de psicoterapia, está respaldada por la investigación. Actualmente, se consideran importantes once factores primarios: (1) la instilación de la esperanza, (2) la comprensión de la universalidad de los problemas individuales y superación de la soledad mediante la conexión con otros, (3) la transmisión de información psicológica, (4) la importancia del altruismo o amor, (5) la recapitulación correctiva del grupo familiar primario, (6) el desarrollo de tendencias socializadoras positivas, (7) el comportamiento imitativo basado en buenos modelos de conducta dentro del grupo, (8) el aprendizaje interpersonal, (9) la cohesión del grupo, (10) la catarsis emocional y (11) los factores existenciales.

En el capítulo, se señala la importancia de la fe para la psicoterapia de grupo. Al fin y al cabo, el Nuevo Testamento exhorta a las personas a vivir en comunidad de amor unos con otros. ¿Qué hace que la terapia de grupo sea terapia de grupo cristiana? En primer lugar, la característica esencial de un grupo de orientación cristiana comienza con la disposición a la fe que tiene el terapeuta de grupo; en segundo lugar, cuando el terapeuta busca al Dios vivo, los miembros del grupo perciben una diferencia cualitativa que va más allá de la cohesión lograda por los medios tradicionales.

En este capítulo, se analizan seis factores terapéuticos de grupo desde una perspectiva integradora católica, centrándose en aquellos que se consideran fundamentales. Se corresponden con los números del párrafo anterior: (1) la instalación de la esperanza (la sensación del paciente de que tiene un futuro), (2) la universalidad (la conciencia de los pacientes de que no sufren solos, sino juntos), (4) el altruismo (centrarse en las necesidades de los demás; la terapia de grupo fomenta el altruismo y la caridad), (5) la recapitulación correctiva del grupo familiar (las experiencias familiares negativas pueden identificarse en la terapia de grupo y corregirse), (7) el comportamiento imitativo (los miembros del grupo imitan a los terapeutas, lo cual resulta muy útil si se transmiten actitudes y técnicas interpersonales saludables; el terapeuta puede orientar a los pacientes hacia esa solidaridad espiritual, la comunión de los santos) y (9) la cohesión (una fuerza que une al grupo; la experiencia de aceptación es muy importante: en el grupo, los pacientes experimentan la ira, la decepción y sentimientos similares sin huir ni tomar represalias).

En el capítulo, también se abordan las graves tensiones que tienen lugar en la terapia de grupo. Hay dos momentos críticos en los que estas tensiones se vuelven más intensas y, sin embargo, tienen potencial para que los pacientes y el grupo en su conjunto consigan un gran progreso. El primero se produce cuando los miembros superan el nivel superficial, educado y seguro de relacionarse y comienzan a percibir las diferencias entre ellos y a expresarlas, a menudo diferencias que a los miembros les cuesta asimilar. Esta etapa es crucial para el grupo, al igual que para la propia sociedad, ya que puede dar lugar a divisiones marcadas por la ira, incluso a violencia verbal o física, o puede superarse psicológica y filosóficamente si el terapeuta de grupo la gestiona bien.

Es entonces cuando tenemos la posibilidad de ayudar a los miembros a percibir la dignidad inherente a cada uno, comprenderlos y empatizar con ellos, a pesar de las diferencias. El terapeuta tiene que implicarse en esta etapa del desarrollo del grupo ayudando a los componentes a ver que, en el nivel más alto, todos somos humanos a pesar de nuestras diferencias y tenemos una bondad y dignidad intrínsecas que siempre están presentes en potencia. Esto se basa en el énfasis que pone el meta-modelo en los elementos de nuestra creación y caída, así como, en última instancia, en las oportunidades de redención. Los aspectos psicológicos y filosóficos de este proceso son conocidos porque forman parte de nuestra naturaleza, pero los fundamentos teológicos también están presentes tanto en potencia como en acción, aunque sea una presencia silenciosa. La orientación del terapeuta es fundamental en este sentido. Esta etapa, cuando se trabaja adecuadamente, conduce a un nuevo nivel de cohesión, un factor terapéutico clave que hasta ahora no se había abordado demasiado en la literatura.

La siguiente y última fase de la terapia tiene lugar cuando los miembros descubren que sus esperanzas puestas en el grupo, en la terapia y, en última instancia, en el terapeuta no se han visto recompensadas. No hay ninguna solución ideal, solo algunas aproximadas dentro de nuestra existencia material. Esta etapa se lleva reproduciendo y recogiendo en la literatura más de medio siglo. Para el terapeuta católico, se convierte en una oportunidad para asumir sacrificialmente la ira y la insatisfacción en lugar de permitir que se agraven y dividan al grupo. Con el tiempo, los miembros reconocen el sacrificio del terapeuta por ellos y este se convierte en un modelo de vocación para sus relaciones, resaltando el valor del sacrificio. En opinión de los autores, la resolución sacrificial en esta etapa constituye la forma más elevada de cohesión del grupo porque, de un modo pequeño pero significativo, sigue el ejemplo dado por Cristo. Este es un tema que no se ha abordado en la literatura psicológica, pero siempre está latente y es plenamente coherente con la perspectiva teológica, aunque quede implícito. A menudo, se señala que el cuidado desinteresado y el altruismo del terapeuta marcan la diferencia; los miembros del grupo sienten los efectos beneficiosos de la compasión, es decir, alguien experimenta el sufrimiento de la vida junto con ellos.

Por último, a lo largo de la terapia de grupo, se ponen en práctica las virtudes del terapeuta, empezando por la fortaleza, la templanza y la humildad. No hay soluciones rápidas ni definitivas, pues la vida es incompleta por naturaleza, aunque el terapeuta intenta ser un modelo de abnegación, caridad y amor, un modelo de Cristo.

23

Contextualizando el *DSM-5*

En este capítulo, se propone un procedimiento para emplear las categorías diagnósticas del *DSM-5* con mayor eficacia situándolas dentro de un marco conceptual que abarque la totalidad de la persona, incluido el aspecto trascendente de los deseos y el desarrollo humanos.[1]

El *Manual diagnóstico y estadístico de los trastornos mentales (DSM)* es una guía que ayuda a los profesionales de la salud mental a agrupar sistemáticamente los síntomas en categorías y a clasificar dichas categorías en diagnósticos. Al describir de forma sistemática lo que el paciente manifiesta y experimenta, proporciona al profesional información sobre cómo clasificar el problema y cuál es su prognosis. Asimismo, proporciona orientación para seleccionar las intervenciones clínicas adecuadas.

Lo que más insatisfacción nos causa es que en el *DSM-5* los trastornos mentales, con el dolor psicológico, discapacidad y su-

---

[1] Philip Scrofani y G. Alexander Ross, cap. 23, «Contextualizando el *DSM-5. Consideraciones para enriquecer el diagnóstico psicológico*», en *Vitz, Nordling y Titus (2021), op. cit.*, vol. II, pp. 571-588.

frimiento que causan, no se examinan teniendo en cuenta todo el contexto de una persona completa y en desarrollo.

En el *DSM*, no se ha proporcionado claramente ese modelo de bienestar y el *DSM-5* muestra pocas mejoras de las versiones anteriores a este respecto. De hecho, varias de las escalas de evaluación desarrolladas para el *DSM-5* están aún más orientadas al *déficit* que el *DSM-IVTR*, que al menos incluía alguna indicación de bienestar psicológico en la escala de evaluación de la actividad global. Aquí, el nivel más alto de bienestar psicológico se resumía de la siguiente manera: «Funciones superiores en una amplia gama de actividades, los problemas de la vida nunca parecen escapar de su control, es buscado por los demás debido a sus múltiples cualidades positivas».

No obstante, debido a la visión de la realización humana que el *DSM-IV-TR* contempla, se reconoce poco o nada cualquier origen o propósito trascendente del paciente, lo cual es tanto materialista como reduccionista de la persona. De hecho, en la misma línea, algunos autores han propuesto la teoría darwiniana como el único fundamento de los modelos de adaptación humana, en los que las consideraciones teóricas se centran en cuestiones de adaptabilidad, supervivencia y potencial de reproducción de la especie. Sin embargo, ese enfoque reduccionista, al excluir los aspectos morales y espirituales de la persona, descuida gran parte de su naturaleza y reduce la riqueza de su vida psicológica.

A pesar de las limitaciones en su visión de la persona y de su modelo subyacente de bienestar, el *DSM* sigue siendo la herramienta de diagnóstico más rigurosa y mejor investigada de que dispone la psicología clínica, por lo que no pretendemos cuestionar su estatus entre las disciplinas de la salud mental. No obstante, creemos que, para usar de modo más completo el *DSM* y que sirva mejor a los pacientes, se requiere un enfoque que abarque una gama más completa de las dimensiones y capacidades de la persona, así como una visión más amplia y rica de la realización y la salud.

Podemos parafrasear el enfoque que recomendamos, con sus valores y supuestos, de la siguiente manera: Dios es supremo; la identidad personal se deriva de lo divino; el autocontrol se emplea para buscar valores absolutos; el amor es primordial; el servicio es fundamental para crecer; existe un compromiso en el matrimonio, en la procreación y la vida familiar; la responsabilidad es esencial; aceptar la culpa, el sufrimiento y la contrición es clave para el cambio; el perdón es importante, y el significado y el propósito pueden derivarse de la razón y el intelecto.

Sin embargo, la cuestión metodológica crítica es cómo poner en práctica este modelo de progreso y salud, ya que no resulta obvio cómo incorporar la ejemplaridad de Cristo como marco para entender las categorías diagnósticas dentro del *DSM-5*. Un modo prometedor de poner en práctica un modelo cristiano de la persona y el bienestar lo proporcionan los principios antropológicos (teológicos, filosóficos y psicológicos) que se enuncian en el meta-modelo. Estos principios (o premisas) proponen un proceso de diagnóstico que refleja de manera amplia una concepción cristiana tanto del desarrollo psicológico como de las carencias psicológicas. Así, el meta-modelo puede servir como un marco más completo para contextualizar el contenido de las categorías diagnósticas.

La mayoría de los profesionales clínicos, durante el curso de su carrera, tendrán ocasión de tratar a personas con trastorno de personalidad evitativa (TPE). Las características o síntomas del *DSM-5* que se atribuyen a esta afección se citan para ejemplificar el enfoque del *DSM*. Se resumen como sigue: un patrón generalizado de inhibición social, sentimientos de insuficiencia e hipersensibilidad a la evaluación negativa, que comienza a principios de la edad adulta y se presenta en una variedad de contextos, como indican cuatro (o más) de los siguientes síntomas: 1) evita las actividades laborales que impliquen un contacto interpersonal por miedo a la crítica, la desaprobación o el rechazo, 2) no está dispuesto a relacionarse con otras personas a menos que esté seguro de que les gusta, 3) muestra moderación en las relaciones íntimas por miedo a ser avergonzado o ridiculizado, 4) está preocupado por ser criticado o rechazado en situaciones sociales, 5) se inhibe en nuevas situaciones interpersonales por sentimientos de inadecuación, 6) se considera a sí mismo socialmente inepto, personalmente poco atractivo o inferior a los demás, 7) es inusualmente reacio a correr riesgos personales o a participar en nuevas actividades porque le pueden resultar incómodas.

En el meta-modelo, la prosperidad humana en el ámbito de la racionalidad, es decir, el uso de la razón, implica tener una visión equilibrada y veraz de uno mismo, del mundo y de las realidades trascendentes. La sintomatología del TPE descrita antes indica, como mínimo, una evasión de la verdad, que se manifiesta tanto en una subestimación de la propia valía y dignidad como en una falta de voluntad para afrontar las auténticas debilidades propias y corregirlas. Esta distorsión cognitiva puede llevar a expectativas o conclusiones injustificadas sobre los acontecimientos sociales. Así, considerando un continuo desde el desarrollo hasta la carencia, tenemos, en un extremo, una valoración veraz de los propios talentos y carácter (o al menos el deseo de tales) y, en el otro, una falsa valoración propia que hace tanto que uno se subestime a sí mismo y su bondad como que evite las oportunidades de corregir esa falsedad.

Los síntomas del TPE también demuestran una falta de voluntad, lo que da como resultado una disminución de la libertad. La voluntad humana saludable se manifiesta a través de la capacidad constante de ejercer la propia libertad de manera adaptativa, ya sea personal e interpersonalmente; en otras palabras, una voluntad saludable consiste en autorregularse en las relaciones humanas. Por el contrario, un individuo puede carecer de la voluntad de participar en la interacción social con otros a menos que se le asegure una evaluación positiva. O la persona con TPE puede carecer de fuerza de voluntad para asumir los riesgos de tratar con otros. Así, resulta necesario abordar esta debilidad de la voluntad.

Por último, la sintomatología del TPE quizá sea la más estrechamente asociada con la relacionalidad, nuestros vínculos con los demás. El énfasis que pone el meta-modelo en las relaciones interpersonales nos recuerda que los seres humanos somos sociales por naturaleza, con una fuerte inclinación hacia la vida en sociedad y necesidad de esta. Nos inclinamos naturalmente a comunicarnos con los demás dando y recibiendo. El amor es la máxima expresión de comunicación interpersonal y resulta crucial para vivir los tres niveles de vocación que dan sentido a la vida. Sin excepción, los síntomas de TPE enumerados antes manifiestan una carencia significativa en este importante ámbito y demuestran lo lejos que se halla el individuo de progresar en el dominio de la relacionalidad.

Los principios del meta-modelo son irreducibles y altamente interdependientes. El principio de la unidad destaca la naturaleza de las personas en su totalidad e identidad, pero el hecho de resaltar que la persona es un todo unificado también reconoce la interrelación de los demás principios y su influencia mutua. En la práctica clínica, suelen observarse problemas que surgen en un ámbito o principio que se manifiestan también en otro. Por ejemplo, la literatura de investigación proporciona muchos ejemplos de que los estilos de apego que se forjan en las relaciones tempranas con los padres y la familia predicen la capacidad de adaptación de una persona en muchos aspectos de su vida. Sin embargo, las explicaciones reduccionistas que sitúan el agente causal primario en un único dominio no reflejan con precisión cómo interactuan los dominios. Por su parte, el principio de unidad personal destaca la interrelación de estos dominios, así como la importancia de tratar a la persona como un todo. Al plantear el proceso de diagnóstico de esta forma, el meta-modelo explicita los objetivos del diagnóstico, la formulación del caso, la planificación del tratamiento y la intervención clínica tanto para el profesional clínico como para el paciente.

24

Evaluación psicológica

Las premisas teológicas y filosóficas del meta-modelo, presentadas en el capítulo 2 de este volumen, aportan un marco integral de ocho premisas filosóficas (a las que nos referiremos como *dominios* o *principios*) y tres premisas teológicas adicionales. Estas once premisas tienen sus análogos psicológicos (dominios o capacidades). Algunas de las premisas y subpremisas hacen referencia a capacidades de la persona que no se suelen examinar en la evaluación psicológica.[1] Cuando algunos dominios de la persona, incluidos en el meta-modelo, se omiten en el proceso de evaluación, el resultado es una representación reducida e impersonal del paciente que no refleja como es debido la dignidad de toda su persona.

Ante todo, el clínico debe elegir con sumo cuidado una serie de herramientas que evalúen cada una de las dimensiones de la persona. El proceso de evaluación debe incluir la investigación sobre la vocación del paciente en múltiples niveles, así como sus puntos fuertes y débiles en cuanto a las virtudes. Hacerse una

---

[1] Frank J. Moncher y Philip Scrofani, capítulo 24, «Evaluación psicológica», en Vitz, Nordling y Titus (2021), *op. cit.*, vol. II, pp. 589-613.

idea completa de las vocaciones del paciente y de sus puntos fuertes y débiles referentes a las virtudes suele llevar algo más de tiempo.

En la práctica diaria, a veces los profesionales se limitan a abordar el problema que se presenta y, por lo tanto, no logran captar todos los puntos fuertes y débiles de la persona. Otros profesionales amplían el enfoque de su investigación más allá del problema para tener una visión más amplia de la persona. No obstante, con frecuencia esos esfuerzos dan lugar a que se acumule información importante que no se estudia ni se evalúa de manera global debido a que no existe una concepción amplia y aceptada de la persona según la cual interpretar las conclusiones. El meta-modelo, sin embargo, proporciona una plantilla para organizar las impresiones clínicas, las observaciones y los resultados de las pruebas en un marco coherente y sistemático que puede utilizarse para ampliar el alcance de las intervenciones y para que se entienda el carácter prioritario de estas.

Una contribución clave del meta-modelo es la importancia de la unidad o integridad de cada persona. ¿Cómo afecta esta unidad al proceso de evaluación? Aunque se midan diferentes dimensiones de la persona, la información reunida también debe integrarse o sintetizarse en una concepción global de la persona. Las dimensiones pueden clasificarse en las tres vocaciones (como se explica en el capítulo 10). Estas opciones vocacionales se evalúan mediante diversas escalas y cuestionarios.

El modelo invita a evaluar las virtudes del paciente, tanto naturales como trascendentes. Para muchas de las virtudes naturales, hay escalas, mientras que la vida espiritual puede evaluarse indirectamente por cómo se refleja en el lenguaje y el comportamiento. Por ejemplo, el cristianismo tiene una larga tradición determinando la bondad y la santidad en función de si la persona vive las virtudes heroicamente y se mantiene fiel a la voluntad de Dios. Esta evaluación se hace observando los actos y palabras de la persona, que reflejan sus pensamientos, intenciones y deseos.

La visión de la persona que tiene el modelo indica la importancia de evaluar el comportamiento relacional, que incluye las vocaciones de los pacientes y sus relaciones con el cónyuge y los hijos en el caso de que estén casados. La evaluación de las capacidades de relación interpersonal requiere que el clínico comprenda el funcionamiento de la familia de la persona, así como sus actos interpersonales de dar y recibir amor, su relación con Dios, sus amistades y sus vínculos con otras personas de la comunidad.

El apartado sobre las capacidades de relación interpersonal incluye un trabajo original de uno de los autores (Philip Scrofani) sobre su escala de la persona, desarrollada e investigada en un estudio piloto en 2011. La escala de la persona se basa en el trabajo de Schaefer y, más tarde, de Benjamin, que evaluaron el comportamiento interpersonal natural —o relacionalidad— en dos dimensiones que se solapan, el afecto (dimensión horizontal del amor al odio) y la autonomía (dimensión vertical de libertad y control). Estas representan en gran medida la causa material de la relación en forma de comportamientos observables. Sin embargo, no abordan las causas intencionales ni formales de la relacionalidad ni la capacidad teleológica de nuestra condición de persona (es decir, nuestro propósito y orientación hacia fines).

Scrofani introduce una tercera dimensión que, en términos conceptuales, va en sentido perpendicular a las otras dos y se cruza con ellas en el centro. Esta hace referencia a la intención subjetiva de la persona que actúa con respecto a otras personas significativas, que puede variar entre motivos egocéntricos (los demás existen para mí), una postura contractual (*quid quo pro*) y una postura de entrega (doy libremente por el amor incondicional basado en la dignidad inherente del otro). Las etapas siguen la secuencia de desarrollo de la relacionalidad desde la infancia hasta la edad adulta y ponen de manifiesto el potencial relacional que puede alcanzarse por medio del proceso de realización. Por supuesto, esto se inspiró en los escritos de Juan Pablo II y se adaptó.

La escala adicional propuesta por Scrofani la posibilitan las virtudes, que también la refuerzan, y aborda las dinámicas que subyacen a la profundidad del componente relacional en todos los aspectos vocacionales, particularmente en la vida familiar, pero también en las expresiones comunitarias dentro de grupos y la sociedad en general. Su fundamento es la afirmación de Juan Pablo II de que ninguna persona puede ser utilizada como objeto y está motivada por la convicción de que todas las personas son creaciones de Dios y, por tanto, poseen una bondad inherente que no se puede negar y una dignidad de la que no se las puede despojar. En el contexto de las vocaciones, es esa capacidad relacional lo que permite a un buen padre sacrificar sus deseos en beneficio de la esposa y el hijo, o la elección altruista que hace una madre cuando elige la vida, aunque ello implique renunciar a su comodidad y libertad.

Dentro de los dominios del meta-modelo se encuentra en cuerpo y sus numerosas capacidades; entre ellas, las sensoriales, perceptivas y cognitivas, así como las imaginativas, memorísticas y motoras. Los métodos tradicionales de evaluación de estos aspectos incluyen una serie de instrumentos psicológicos y neuropsicológicos.

La evaluación de las capacidades emocionales de la persona incluye una serie de pruebas que permiten determinar la capacidad de los pacientes para experimentar sus emociones y expresarlas, así como para percibir las emociones de los demás, procesarlas y reaccionar ante ellas de manera adecuada. También hay muchos métodos de evaluación clínica desarrollados para analizar los estados emocionales de un paciente con el fin de determinar si existe psicopatología.

La evaluación del funcionamiento racional de un paciente ha de incluir la métrica de sus habilidades sensoriales, perceptivas, cognitivas e intelectuales, aunque el meta-modelo tiene una concepción más rica de la racionalidad; por ejemplo, incluye la inclinación de la persona a buscar la verdad y desarrollar sus virtudes intelectuales, sobre todo la sabiduría. Los métodos de evaluación tradicionales incluyen medidas del coeficiente intelectual, del rendimiento académico, del estilo de procesamiento cognitivo, así como de memoria, que se utilizan en paralelo con las métricas del funcionamiento neuropsicológico (sensorial y perceptivo). La mayoría de estos tipos de pruebas se entenderían mejor como intentos de medir la capacidad de una persona para conocer la verdad a nivel natural. Sin embargo, el conocimiento de las realidades trascendentales, las normas morales, la belleza estética y el desarrollo de la virtud suele quedar desaprovechado por estos métodos clínicos tradicionales. Además, los procesos de evaluación actuales tampoco suelen contemplar el conocimiento de uno mismo ni la capacidad de saber lo que experimentan y sienten los demás (empatía), a pesar de que ambos tipos de conocimiento están intrínsecamente relacionados con la realización. El meta-modelo, por su parte, propone que la evaluación de la voluntad y la libertad incluya métricas de la autorregulación de la persona, la creatividad, la capacidad de dar y recibir amor y el desarrollo de la responsabilidad moral y las virtudes.

En el capítulo, se abordan algunas aplicaciones específicas del meta-modelo en los procesos de evaluación al servicio de la Iglesia. La evaluación para el sacerdocio o la vida religiosa suele consistir en una entrevista clínica estructurada y una serie de pruebas, entre ellas de inteligencia y personalidad, así como medidas autoinformadas. El modelo proporciona un marco más amplio y pertinente para la evaluación vocacional.

Otro tipo de evaluación que sirve a la Iglesia es aquella que se hace de los casos en los que se dictan sentencias de nulidad. Los tribunales matrimoniales recurren a la evaluación psicológica para juzgarlos. Se pide a la Iglesia que determine si las personas tenían capacidad para dar su consentimiento y comprometerse libremente a las obligaciones de un matrimonio sacramental en el momento en que pronunciaron los votos. Dado que el consentimiento es un acto humano que depende de la racionalidad y de la voluntad, el modelo resulta pertinente.

El enfoque de la evaluación psicológica del meta-modelo es un proceso complementario que no sustituye las prácticas tradicionales, sino que permite el uso de medidas muy extendidas, ya que proporcionan gran parte de la información necesaria sobre la persona. No obstante, el modelo revela lagunas en lo que estas medidas evalúan cuando se comparan con la visión cristiano católica de la persona. Por ejemplo, el concepto de racionalidad del modelo es demasiado amplio para que quede adecuadamente reflejado si se reduce la racionalidad a la inteligencia, tal como se mide en los test de inteligencia. Incluye el conocimiento de uno mismo y la empatía, el conocimiento de los demás, la sabiduría práctica, la búsqueda del entendimiento por parte de la fe (*fides quaerens intellectum*), el discernimiento de las vocaciones y la conciencia moral. Por último, el modelo señala la necesidad de crear nuevas medidas que hagan referencia a dimensiones de la persona que no suelen tenerse en cuenta en la evaluación psicológica, como el funcionamiento espiritual, los puntos fuertes de las virtudes y la capacidad de entrega.

25

La virtud en la práctica de la salud mental

En este capítulo, se emplean dos enfoques diferentes basados en las virtudes —uno secular y otro cristiano— para definir a la misma persona,[1] lo que nos ayudará a comprender la importancia de determinar claramente las premisas a la hora de elegir un enfoque para entender a una persona en un entorno clínico. El caso elegido para este estudio se basa en una paciente real que fue atendida en psicoterapia a lo largo de varios meses. La remitió una colega que comprendía sus convicciones religiosas y las compartía. De acuerdo con la práctica ética, para proteger su anonimato no se dan su nombre, ciertos hechos descriptivos ni datos que no sean esenciales, aunque se habla de ella con detalle al final del capítulo.

Aunque el enfoque secular y el cristiano a veces no utilizan el mismo lenguaje al hablar de la virtud, ambos distinguen las habilidades y prácticas necesarias para comprender y desarrollar las virtudes y corregir los vicios. Por ejemplo, considerando

---

[1] Frank J. Moncher y Craig Steven Titus, capítulo 25, «La virtud en la práctica de la salud mental: Un estudio comparativo de caso», en Vitz, Nordling y Titus (2021), *op. cit.*, vol. II, pp. 615-666.

la templanza desde una perspectiva secular, existen varias estrategias para cultivar la fortaleza del ego y el autocontrol en áreas relacionadas con necesidades corporales (por ejemplo, los trastornos alimentarios), deseos (por ejemplo, las relaciones interpersonales impuras) y placeres (por ejemplo, las adicciones). Lo más destacable es que la psicología positiva considera la templanza a partir de los valores al alcance de la razón para lograr el autocontrol, como ilustra la vida de los modelos de conducta y los héroes. Desde un enfoque católico, la templanza cristiana, fundamentada en el amor y el servicio a Dios, al prójimo y a uno mismo, trata de alcanzar el autocontrol mediante la entrega altruista y se inspira en la vida de Cristo y los santos. Para las intervenciones centradas en la virtud, tanto los enfoques seculares (supuestamente libres de valores) como los cristianos católicos pueden basarse en la teoría de la virtud de las ciencias psicológicas y valerse del uso de medidas y escalas, del conocimiento de los factores correlacionados y sus consecuencias y de la comprensión de los elementos propiciadores e inhibidores, junto con las cuestiones culturales y de desarrollo.

A menudo, los modelos de *counseling* y psicoterapia pretenden aplicar teorías respaldadas empíricamente y prácticas basadas en la evidencia, sin examinar las ideas subyacentes respecto a la persona y los valores que estas teorías e intervenciones implican. Incluso cuando se sigue un enfoque basado en las virtudes para el *counseling* y la psicoterapia, se dan por sentados o se ignoran muchos aspectos de la visión del mundo o sistema de valores que subyacen a los discursos y enfoques supuestamente libres de valores o seculares.

En la medida en que adoptamos una perspectiva expresamente cristiano católica, diferimos en algunos aspectos de otros intentos recientes de reapropiarse de la virtud en psicología, tanto los que defienden un enfoque no normativo y libre de valores como los que adoptan un enfoque relativista de las normas morales. Lo que hacemos es comparar los marcos o modelos básicos que se utilizan en los enfoques basados en valores de la práctica de la salud mental en la actualidad.

El paradigma de la psicología positiva sobre las fortalezas y virtudes del carácter ha intentado alejarse no solo de tradiciones religiosas concretas, sino también de las normas morales como tales. Se puede afirmar que, gracias a su profundo contenido psicológico y su gran poder explicativo, describe las fortalezas del carácter, pero sin referencia normativa alguna.

Otros enfoques basados en las virtudes en el campo de la salud mental consideran el *counseling* y la psicoterapia un discurso moral y afirman la necesidad de determinar fronteras morales, aunque solo plantean unas relativistas.

En este capítulo, se defiende el valor de la razón y de los anhelos naturales básicos (de bondad, verdad y belleza), incluso cuando alguien se equivoca al usarlos. Además, el meta-modelo, siempre a nivel filosófico, proporciona razones para sostener que los seres humanos tienen el deber de aplicar las normas morales, incluso aunque a menudo fracasen, y que lograrán realizarse gracias a la virtud y la entrega, aunque sea solo de modo parcial.

A menudo, los pensadores modernos han reducido la noción de virtud para referirse simplemente a un acto (una elección o hecho único), a una disposición para comportarse virtuosamente (una tendencia a la virtud) o a una norma moral racional para obrar. Sin embargo, el enfoque clásico del meta-modelo se basa en la virtud entendida como la inclusión de estas dimensiones de forma evolutiva (en los niveles emocional, cognitivo, volitivo e interpersonal) de manera que, a largo plazo, contribuya al progreso moral y espiritual de la persona.

En el modelo se identifican trece dimensiones que contribuyen a explicar la interacción de la virtud (y el vicio) en los niveles teológicos naturales adquiridos y trascendentales de la vida cotidiana. Estas fortalezas y virtudes se contraponen a los vicios y desórdenes. Estas dimensiones de la virtud son (1) performativa (relativa al acto); (2) perfectiva y correctiva (relativa al agente);

(3) intencional (basada en la razón y teleológica); (4) ética (basada en normas morales); (5) influida por la singularidad personal, la igual dignidad innata y la diferencia y complementariedad de sexos; (6) conectiva, relacional y del desarrollo; (7) aprendida a través de modelos; (8) moderadora (medida); (9) preventiva (basada en la fuerza); (10) no reduccionista (contextual); (11) aplicada (investigación y práctica); (12) vocacional (basada en la vocación), y (13) abierta a lo trascendente y a Dios.

La interpretación multidimensional que hace el meta-modelo de la virtud y su opuesto, el vicio, se aplica a la historia de Bárbara, que tomó el nombre religioso de sor Lydia. Su aplicación incluye primero una interpretación desde un punto de vista secular y, luego, a partir del meta-modelo. Hay siete comparaciones que muestran claramente cómo se solapan las concepciones de la virtud, pero también las diferencias que presenta el modelo.

26

Psicología social

El meta-modelo también puede aplicarse provechosamente a la investigación y el análisis en otras áreas de la psicología y disciplinas afines.[1] Para ejemplificar dicha aplicación, este capítulo examina dos áreas de investigación en psicología social utilizando el modelo. Estos ejemplos proceden de dos programas de investigación clásicos en psicología social: uno se denomina *conducta de ayuda* y el otro, *obediencia a la autoridad*. Aunque no despiertan gran interés en la investigación actual en el campo, estos temas son significativos y están asentados de la literatura sobre psicología social, como atestigua su inclusión habitual en los libros de texto. Conviene examinarlos dentro del marco del modelo para ver qué información complementaria pueden aportar.

Hay muchos estudios sobre la conducta de ayuda y el efecto espectador, algunos de ellos inspirados en casos de asesinato y situaciones similares en los que los testigos respondieron ayudando o no haciéndolo. Parece claro que, cuando los testigos piensan que son la única persona que ha oído una llamada de auxilio, es

---

[1] G. Alexander Ross, capítulo 26, «Psicología social», en Vitz, Nordling y Titus (2021), *op. cit.*, vol. II, pp. 667-691.

probable que ayuden; cuando piensan que muchas otras personas han visto ocurrir la tragedia o han oído la llamada, se sienten menos responsables y es mucho menos probable que ayuden. Cuantos más testigos haya, menos probable es que uno de ellos preste ayuda.

No obstante, esta incapacidad de responder a una solicitud de ayuda está relacionada con la falta de cohesión del grupo: cuando las personas se sienten unidas a otras, se consideran más responsables. Un problema de muchos estudios es que se hicieron con jóvenes universitarios seleccionados al azar en clases en las que no tenían ningún vínculo.

Ciertos efectos sociales negativos influyen en nuestra tendencia natural a estar en armonía con los demás y a ayudarlos en caso de necesidad. Un ejemplo es el modelo de alienación y aislamiento de la estructura habitual de la sociedad de masas. La organización del trabajo moderno también impone al ser humano una serie de pautas sociales artificiales que se dirigen no a que la persona se realice, sino, simplemente, a que atienda las necesidades funcionales del entorno laboral. Los extraordinarios niveles actuales de movilidad geográfica han fracturado familias y comunidades, dejando a muchas personas aisladas y sin vínculos sociales significativos.

Las explicaciones del efecto espectador sobre la falta de ayuda a las personas en dificultades son reduccionistas, pues pasan por alto la dimensión prosocial de la naturaleza humana, al suponer que las personas manifiestan una indiferencia general, entendiéndolas como individuos autónomos movidos por su propio interés.

Se puede entender más sobre la persona y los grupos cuando se interpretan las interacciones sociales según un marco más amplio, como el que aporta el meta-modelo. Por ejemplo, los diseños experimentales podrían estar más fundamentados socialmente, sobre todo con el reconociendo explícito de las dimensiones interpersonales relacionales, vocacionales y basadas en la virtud de la persona y el grupo. Hay pruebas de que el desarrollo de la virtud también aumenta la propensión de las personas a sentirse responsables de los demás. Las investigaciones futuras podrían introducir nuevas variables. Por ejemplo, la falta de intervención puede deberse no a la indiferencia, sino al miedo a verse implicado o al trauma causado por la exposición a un suceso violento. Tales respuestas plantean la relevancia de la virtud del valor y, por supuesto, de las virtudes del amor y la empatía.

Otra área clásica de la psicología social a la que el meta-modelo puede aplicarse de forma fructífera es el estudio de la obediencia a la autoridad. Hay unos experimentos famosos, conocidos como *experimentos de Milgram*, en los que estudiantes universitarios, obedeciendo a su profesor, aplicaban potentes descargas eléctricas a sus compañeros, aunque a veces se sentían muy angustiados al hacerlo. Tales experimentos plantean la cuestión de la obediencia a la autoridad legítima frente a la tiranía. El meta-modelo propone diseños de investigación futuros para examinar la obediencia a la autoridad, por ejemplo, ¿cómo influye el carácter o la virtud al discernir la autoridad y responder a ella? ¿Varía la obediencia a la autoridad en función de la vocación?, ¿y con algunas virtudes o vicios?

El modelo puede resultar útil para el campo de la psicología social de otras muchas maneras. Por ejemplo, el modelo promueve que se trate a la persona de modo holístico, y es que la psicología social puede caer fácilmente en un error reduccionista y centrarse en una representación incompleta de la persona. Además, ofrece una manera de incorporar las virtudes morales al análisis. Por último, el modelo hace gran hincapié en la naturaleza relacional de la persona desde el punto de vista teológico, filosófico y psicológico. Decir que somos sociales no hace referencia solo al contexto en el que actúa el individuo, sino también a un elemento fundamental de la naturaleza humana.

Agradecimientos

Algunas personas fueron de gran ayuda en el desarrollo de esta miniversión del meta-modelo. Doy las gracias especialmente al P. Lino Otero, Craig S. Titus, Pat Fagan y Anne Needham.

Gracias también a los autores de los veintiséis capítulos originales de *Un meta-modelo cristiano católico de la persona: Integración con la psicología y la práctica de la salud mental* (2021).